DRIEËNDERTIG DWAZEN OM CHRISTUS

Uitgeverij Orthodox Logos

DRIEËNDERTIG DWAZEN OM CHRISTUS

Spyridon & Isidora

Omslagillustratie © Sergei Kirillov – Basilius de Gezegende (1994)

© Uitgeverij Orthodox Logos, Nederland 2025
© Auteurs Spyridon & Isidora 2025

Uitgevers Maxim Hodak & Max Mendor

www.orthodoxlogos.com

ISBN: 978-1-80484-225-6
ISBN: 978-1-80484-226-3

Niets uit deze uitgave mag worden verveelvoudigd en/of openbaar gemaakt door middel van druk, fotokopie, microfilm of op welke andere wijze ook zonder voorafgaande schriftelijke toestemming van de uitgever.

DRIEËNDERTIG DWAZEN OM CHRISTUS

Spyridon & Isidora

Uitgeverij Orthodox Logos

Inhoudsopgave

Voorwoord 7
1. Michaël Klopsky 9
2. Johannes Kotelnikov 12
3. Maximos de Kausokalybiet 16
4. Maximos van Totma 20
5. Theodoros van Novgorod 24
6. Xenia van St. Petersburg 27
7. Pelagia van Diveyevo 34
8. Isaäkios de Recluus 39
9. Romanos van Karpenision 44
10. Natalia van Diveyevo 48
11. Theoktista van Voronezh 50
12. Nikolaas van Pskov 54
13. Asenatha van Goritsky 58
14. Thomas van Syrië 63
15. Isidora van Tabenna 66
16. Johannes van Oestjoeg 69
17. Johannes van Moskou 72
18. Prokopios van Oestjoeg 75
19. Arkadios van Vyazma 78
20. Eufrosyne van Kolyupanovo 81
21. Matrona van Anemnyasevo 92
22. Simeon van Edessa 96

23. Basilios van Moskou 103
24. Eudokia (Dunia) Shikova 108
25. Maria Ivanova van Diveyevo 112
26. Alexis Voroshin 118
27. Jozef van Zaonikiev 122
28. Paraskeva van Diveyevo 127
29. Andreas van Constantinopel 138
30. Domna van Tomsk 144
31. Paraskeva van Starobelsk. 148
32. Gabriël van Tbilisi 164
33. Simon van Yuryevets 188

Voorwoord

In de eerste brief aan de Korintiërs gebruikt apostel Paulus meermalen het woord "dwaasheid", zoals "Wij zijn dwazen om Christus' wil" (1 Korintiërs 4:10). Dit plantte het zaadje voor de opmerkelijke ascese genaamd 'Dwaas om Christus'.

Gezien deze herkomst is het niet verwonderlijk dat dit fenomeen inmiddels vele eeuwen bestaat. We zien echter vooral veel voorbeelden in het oosten, en veel na het Grote Schisma in de elfde eeuw. Zeker in Rusland is het een veel voorkomende ascese geworden, daar *yuródivyy* genaamd, met veel ontzag en verwondering vanuit gelovigen—ondanks de poging van Peter de Grote om middels een decreet heilige dwazen te vervolgen.

De geveinsde dwaasheid is een zielstoestand die laat zien wat de genade van God in een mens teweeg kan brengen, als iemand zich volledig onderwerpt aan Zijn heilige wil. De heilige dwazen trotseren immers honger, kou en andere barre weersomstandigheden, maar ook onbegrip, bespotting, mishandeling, en algehele afkeer vanuit het volk. Dit incasseren ze met evenveel vreugde, geduld, en liefde. Later blijkt natuurlijk dat die 'dwazen' helemaal niet zo gestoord zijn. Wat ze zeggen is geen cryptische wartaal. Hij of zij deelt juist wijze woorden, diep spiritueel, veelal van profetische waarde.

Het is heilzaam om juist nu over heilige dwazen te lezen, want dit lijkt de tijd waarover de heilige Antonios de Grote sprak:

"Een tijd dat mensen zich als gekken zullen gedragen, en als ze iemand zien die zich *niet* zo gedraagt, zullen ze tegen hem in opstand komen en zeggen: 'Jij bent gek', omdat hij niet is zoals zijzelf zijn".

Als iemand onder u denkt dat hij wijs is in deze wereld, laat hij dwaas worden,
opdat hij wijs zal worden.

1 Korintiërs 3:18

Michaël Klopsky

11 januari

De heilige Michaël stamde af van een adellijke lijn van bojaren. Zijn moeder (of grootmoeder, dat is niet duidelijk bewaard gebleven) Anna Ivanovna was de zus van Dimitry Donskoy en dochter van grootvorst Ivan II van Moskou.

Op een dag nam **Michaël** de ascese van dwaasheid voor Christus op zich, verliet Moskou en arriveerde gehuld in lompen bij het Klopsky-klooster, in de buurt van Novgorod. Daar sloop hij naar binnen zonder iemands medeweten. Later wist overigens ook niemand *hoe* hij de afgesloten kerk binnen was gekomen. Hiëromonnik Makarios bewierookte de kerk tijdens de negende ode van de canon, alsmede de cellen van alle monniken. Aangekomen bij zijn eigen cel bleek de deur open te staan. Daar zat tot Makarios' verbazing een onbekende man in kloostergewaad. Onder het licht van een kaars kopieerde deze vreemdeling de tekst uit de Handelingen der Apostelen.

Na het einde van de Metten kwam de hegoumen samen met de broeders terug naar de cel. Nog altijd zat **Michaël** daar op zijn gemak bij het goudgele kaarslicht de teksten handmatig over te schrijven. Verbijsterd en geïntrigeerd bevroegen ze de vreemdeling,

"Waar kom je vandaan en hoe heet je?"

In plaats van te antwoorden herhaalde **Michaël** hun vragen en maakte zijn afkomst niet bekend. Hoewel ze nog steeds in raadselen geneveld waren over het hoe en waarom, zeker hoe deze zonderling in de cel van de monnik was beland, hielden ze hem voor een simpele ziel.

Toch konden de inwoners van het klooster niet ontkennen dat deze zogenaamd simpele ziel geestelijke gaven bezat. Om zijn klankrijke stem werd **Michaël** tot lezer aangesteld en betrok hij het klooster. In de kerk zong hij op de *kliros*, de speciale plek waar de zangers staan, en las de brieven van de apostelen. In de *trapeza* of refter, de eetzaal in een klooster, las hij de levens van de heiligen. Iedereen die hem hoorde, werd geraakt door de schoonheid en spiritualiteit van zijn lezing.

Op het feest van de Heilige Transfiguratie van de Heer bezocht prins Constantijn Dimitrievitch (zoon van grote prins Dimitriy Donskoy) het Klopsky-klooster. Na de communie zat de prins in de refter, waar de tot dan toe onbekende vreemdeling voorlas uit het boek van Job. Toen hij de lezing hoorde, benaderde de prins de lezer en bekeek hem. Toen boog hij voor hem en noemde zijn bloedverwant bij zijn naam; **Michaël** Maximovich. "Alleen de Schepper kent mij en weet wie ik ben", antwoordde de dwaas, maar hij bevestigde wel dat zijn naam inderdaad **Michaël** was. Hij volhardde daarna in zijn strenge levenswijze en omgaf zich nog meer met een schijn van achterlijkheid.

Al snel werd **Michaël** een voorbeeld voor de broeders in alle monastieke inspanningen. Hij woonde maar liefst vierenveertig jaar in het Klopsky-klooster, waarbij hij zijn lichaam uitputte door werk, nachtelijke waken vol gebed, en verschillende andere ontberingen. Zoals vaak bij deze vrijwillige dwazen gebeurde, schonk God hem de gave der profetie en andere spirituele giften.

Onder andere voorspelde hij de geboorte van grootvorst Ivan III (regeerde van 1462 tot 1505) op 22 januari 1440, en de inname van Novgorod door hem. Verder wist hij een stel ruige rovers tot het geloof te brengen, waarvan er één zelfs in het klooster trad als monnik.

Ook lezen we hoe **Michaël** op een zanderige plek een bron voortbracht door op de grond te schrijven: "Ik zal de beker van de verlossing nemen (Psalm 115:13); op deze plek zal een bron verschijnen."

In het boek 'De Proloog van Ohrid' van bisschop Nikolaas Velimirović (5 maart), lezen we bij de heilige Jona (5 november) dat **Michaël** op een dag Jona als kind zag. Hij sprak hem aan met deze profetische woorden: "Ivanoesjka [verkleinwoord van Ivan, hoe hij bij geboorte heette], studeer ijverig, want jij zult aartsbisschop van Novgorod worden." En inderdaad, hoewel de woorden vast enige verbazing bij de aanwezige moeder moet hebben gewekt op het moment zelf, werd Jona na de dood van aartsbisschop Euthymius in zijn plaats gekozen en ingewijd als opvolger.

Door de gebeden van **Michaël** nam tijdens een hongersnood de hoeveelheid graan in de graanschuur van het klooster niet af, ondanks het feit dat het graan vrijelijk werd uitgedeeld aan de hongerige omwonenden.

Wat we vaker zien bij heiligen, zeker dwazen om Christus, nam **Michaël** geen blad voor de mond. Zo hekelde hij de ondeugden van mensen, zonder angst voor de machtigen van deze wereld. Hij berispte bijvoorbeeld prins Dimitri Shemyaka omdat deze zijn broer, grootvorst Vasili de Donkere (1425-1462), had verblind.

De eerbiedwaardige **Michaël** ontsliep in 1456 en werd in 1547 heilig verklaard, met 11 januari als herdenkingsdag. Zijn relieken worden vereerd in het Klopsky-klooster, enkele kilometers van Novgorod in Rusland.

Johannes Kotelnikov

12 januari

Johannes Stepanovich Kotelnikov werd geboren op 23 september 1773 in een rijke koopmansfamilie, als zoon van vrome ouders: Stepan Romanovich en Anna Dmitrievna Kotelnikov. Hij werd gedoopt ter ere van de heilige apostel Johannes de Theoloog (26 september). **Johannes** kreeg van huis uit een goede opvoeding en was van nature getalenteerd en hardwerkend.

Zijn vader introduceerde hem al vroeg in de handel, maar zijn ziel zocht geen aardse, vergankelijke rijkdom. Hij las veel, vooral de Heilige Schrift en de levens van de heiligen. Zijn heldere geest en vriendelijke ziel, verlicht door Gods genade, dorstten naar andere rijkdommen. Al vroeg begreep **Johannes** de ijdelheid en vergankelijkheid van dit leven en verlangde hij met heel zijn ziel naar God. Met de zegen van de zalige Eufrosyne van Kolyupnovo (16 juli), eveneens een dwaas voor Christus, betrad ook hij op 17-jarige leeftijd het pad van de dwaasheid voor Christus. De jonge **Johannes** legde alle aardse zorgen van zich af, nam zijn kruis op, en begon aan de ascese die zowel het pad van de godvrezende monniken als profeten en martelaars omvat.

Volgens de herinneringen van mensen uit Tula liep **Johannes** rond in een gestreept gewaad, met de borst open, blootsvoets en het hoofd onbedekt, zowel in de zomer als in de winter. Zijn familieleden, die hem met heel hun hart liefhadden, probeerden hem mooie kleding aan te trekken, maar het was allemaal tevergeefs. **Johannes** gaf de kledingstukken meteen weg en bleef in zijn vodden rondlopen. Naastenliefde dreef hem ertoe huizen te bezoeken waar een ramp was gebeurd. Hij troostte hen in verdriet, bemoedigde hen in tegenspoed, weende met hen die weenden, verheugde zich met hen die zich verheugden (naar Rom. 12:15) en hielp de lijdenden in gebed. Het krachtige, vurige gebed van een rechtvaardige vermag veel (Jakobus 5:16). Deze woorden uit de brief van de heilige apostel Jakobus kunnen zeker worden toegepast op de zalige **Johannes** van Tula, aangezien er veel gevallen bekend zijn van de heilige die mensen hielp.

Voor zijn inspanningen van gebed, vasten, het verdragen van de kou en spot van mensen, en het verwerpen van zijn eigen wil, verwierf hij volledige nederigheid voor God en ontving hij tijdens zijn leven de gave van helderziendheid en wonderen.

De dwaas voor Christus werd vaak om middernacht gezien, biddend voor het Levengevende Kruis van de Heer op de veranda van de Heilige Ontslapeniskathedraal in het Kremlin van Tula. Sommige mensen zagen hem zelfs omringd door een heldere gloed en schijnbaar in de lucht staand terwijl hij bad. Onophoudelijk de Gekruisigde Christus in gedachten houdend, hield hij zijn rechterhand altijd opgeheven.

De inwoners van Tula bewaren de herinnering aan hoe **Johannes** een verschrikkelijke brand voorspelde in 1834. Een paar maanden voordat deze uitbrak, liep de heilige door de straten van de stad, zwaaiend met zijn handen en in alle richtingen blazend. Vlak voor de brand liep hij langs alle kloostercellen en sloot alle kachelpijpen af. Het klooster ontsnapte aan de brand, terwijl alle gebouwen eromheen werden verwoest.

Aan de Vozdvizhenskaya-straat stond het grote huis van de rijke landeigenaar Esipov, en ernaast de arme hut van een weduwe en haar kinderen. **Johannes** kwam met een emmer aan, gooide water over de hele binnenplaats rond de hut en vertrok onmiddellijk. Diezelfde dag brak er brand uit in het huis van Esipov, die een heel huizenblok verwoestte, behalve de arme hut van de weduwe. Velen kwamen deze wonderbaarlijk geredde hut bekijken — een duidelijk wonder van Gods genade.

Aartspriester V. N. Bogolyubov van de Petrus-en-Pauluskerk hoorde van zijn moeder dat de zalige **Johannes** haar de dood van haar man had voorspeld. Zijn vader werd toen onverwacht ziek en stierf inderdaad een paar maanden later, hoewel hij tot dan toe volledig gezond was geweest.

Een herder die over zijn kudde waakte, zag de zalige **Johannes** de rivier de Upa naderen en recht over het wateroppervlak lopen. De herder was verbijsterd. De heilige kwam naar hem toe en zei: "Mijn ziel, vertel niemand wat je hebt gezien tot mijn dood. Als je het vertelt, zul je zwaar gestraft worden." De herder sprak pas over dit incident toen hij afscheid kwam nemen van de overleden heilige.

Gedurende zijn hele volwassen leven, zestig volle jaren, droeg **Johannes** de grootste *podvig*, zowel innerlijk als uiterlijk. In de zomer werden de blote voeten van Christus verminkt door scherpe stenen op straat, in de winter werd de huid van zijn benen opengereten door de kou, omdat hij zelfs bij strenge vorst altijd veel bad, af en toe rustend op de stenen platen van het kerkportaal. Innerlijke ascese bestond uit veelvuldig gebed, vaak verborgen voor het publiek, maar altijd aangenaam voor God.

Johannes voorzag de dag van zijn dood en zei dat "ze over twee dagen een feestmaal zullen houden", wat precies gebeurde zoals hij voorspelde. De zalige **Johannes**, de Wonderdoener van Tula, overleed op 12 januari 1850. Zijn begrafenis werd geleid door bisschop Damascenus (Rossov) van Tula en talrijke geestelijken, met een grote menigte mensen.

Hij werd begraven op 15 januari onder het portaal van de Sint-Nicolaaskapel, op de plek waar hij gewerkt had. Later, na een uitbreiding van het gebouw, kwam het graf van de heilige dwaas in de kerk terecht.

De kerk werd in de jaren 1930 verwoest door de communisten en de stoffelijke resten van de heilige **Johannes** werden overgebracht naar de Allerheiligenbegraafplaats in het centrum van Tula.

In 1988, ter gelegenheid van de duizendste verjaardag van de Doop van Rusland, werd **Johannes** Stepanovich Koltenikov als een lokaal vereerde heilige verheerlijkt door de Bisschoppenraad van de Russisch-Orthodoxe Kerk.

De beroemde Tula-oudste, Schema-Aartsmandriet Christoffel, vereerde **Johannes** zeer en stuurde zijn geestelijke kinderen al vóór zijn officiële verheerlijking naar zijn graf. Op een dag verscheen de zalige **Johannes** in een droom aan vader Christoffel en vertelde hem dat het tijd was om hem heilig te verklaren en zijn relieken te vinden. Getroffen door dit fenomeen ging Schema-Aartsmandriet Christoffel naar Vladyka Serapion. De Metropoliet behandelde de door vader Christoffel gerapporteerde verschijning met de grootste ernst en eerbied. Hij nam geen beslissingen op eigen houtje, maar ging naar Moskou, naar de Patriarch, en Zijne Heiligheid gaf de zegen om het graf van **Johannes** te openen.

Op 3 augustus 1990 verzamelden de geestelijken van de Allerheiligenkathedraal, onder leiding van metropoliet Serapion (Fadeyev) van Tula, zich bij het graf van **Johannes**. Onder het lezen van de Psalmen en eerbiedig gezang van de geestelijkheid werden de heilige, ongeschonden relieken van **Johannes** van Tula ontdekt.

Maximos de Kausokalybiet

13 januari

Twee dagen na de feestdag van Michaël Klopsky vieren we het leven van de heilige **Maximos**, welke de bijnaam 'de Kausokalybiet' draagt. Hij was afkomstig uit Klein-Azië, het gebied dat we nu grotendeels Turkije noemen, waar hij in het dorp Lampsakos (huidig Lapseki) woonde. Daar kreeg hij onderricht in de kerk van de Allerheiligste Theotokos.

Zijn ouders hadden een gelofte afgelegd om hem aan de Heer te wijden, maar konden het toch niet laten om voor hun zoon een goed huwelijk te plannen nadat hij zijn zeventiende verjaardag achter de rug had. Zoals we in talloze heiligenlevens lezen gruwelde **Maximos** van dit idee, in dit geval des te meer omdat hij voorbestemd was voor een ander leven. In het geniep ontvluchtte hij daarom het ouderlijk huis en trok naar de berg Gan in Macedonië, om zich onder leiding van de bekende starets Markos te oefenen in het ascetische leven. Onder diens onderricht leerde **Maximos** vasten, nachtwaken, op de grond slapen, onophoudelijk bidden, zich anderzijds fysiek en mentaal harden, en het gering achten van lichamelijk ongemak en van al het tijdelijke bezit.

Na de dood van zijn starets begon **Maximos** blootsvoets rond te trekken, eerst langs de grotten van andere woestijnvader-kluizenaars, later in Constantinopel waar hij de verschillende kerken bezocht en daar de nacht doorbracht, staande in gebed. Hij was vooral te vinden in de Blachernae-kerk van de Allerheiligste Theotokos. Het is overigens geen toeval dat hij daar te vinden was. Vanaf zijn jeugd had **Maximos** namelijk een grote liefde voor de Moeder Gods. Hij smeekte haar vurig om hem de gave van onophoudelijk innerlijk gebed te schenken.

Op een dag, tijdens het vereren van haar icoon, voelde **Maximos** een warmte en een vlam vanuit de icoon in zijn hart dringen. Het verbrandde hem niet, maar het gaf hem een zekere zoetheid en berouw van binnen. Vanaf dat moment begon zijn hart het Jezusgebed uit zichzelf te herhalen. Op deze manier voldeed de Alheilige Maagd aan zijn verzoek.

Om zijn armoedige verschijning werd hij in Constantinopel als een dwaas beschouwd. In plaats van dit tegen te spreken deed hij niets om die indruk weg te nemen. Integendeel zelfs. Hij gedroeg zich doelbewust zoals we mogen verwachten van een dwaas om Christus.

Men bracht **Maximos** op den duur aan het verstand dat hij op de Athos thuishoorde. De heilige ging om die reden naar de heilige berg met het idee om daar kluizenaar te worden, maar omdat men dan eerst in een gemeenschap geoefend moet zijn, onderwierp hij zich aan de hegoumen van de Grote Laura. Hij deed ijverig alles wat hem opgedragen werd, maar hij hield zich verder aan zijn eigen ascese. Zo wilde hij geen cel toegewezen krijgen maar bracht hij de nacht door in een koorstoel van de narthex, oftewel het achterste deel van de kerk (officieel gebruikt door catechumenen en boetelingen die niet in het 'schip' mochten staan), meestal staande in gebed. Hoewel **Maximos** in de refter at samen met de andere broeders, nuttigde hij zo weinig mogelijk.

Na enige tijd nam hij zijn leven als zwerver weer op met de ascese van dwaas om Christus. Dat deed hij om zijn ascetische daden van vasten en gebed te verbergen en beroemdheid te vermijden. In die periode kreeg **Maximos** een visioen van de Moeder van God, die hem vertelde de Heilige Berg te beklimmen. Op de top van de berg bad hij drie dagen en drie nachten lang. Opnieuw verscheen de Allerheiligste Theotokos aan hem, omringd door engelen, en met haar Goddelijke Zoon in haar armen. Terwijl de heilige dwaas zich ter aarde wierp, hoorde hij de Alheilige Maagd tot hem spreken:

"Ontvang het geschenk tegen de demonen, en vestig je aan de voet van Athos, want dit is de wil van Mijn Zoon."

Ze vertelde hem dat hij de hoogten van deugd zou bestijgen en een leraar en gids voor velen zou worden. Toen hij al een aantal dagen niet gegeten had, werd hem een hemels brood gegeven. Zodra hij het in zijn mond stopte, werd hij omringd door goddelijk licht en zag hij de Moeder van God naar de hemel opstijgen.

Maximos vertelde zijn visioen aan een zekere ouderling die bij de kerk van de heilige profeet Elias in Carmel woonde. Eerst was **Maximos** sceptisch, maar hij veranderde zijn ongeloof ten goede. Daarna deed hij alsof hij een gek was om zijn wonderbaarlijke ascetische daden, ontberingen en eenzaamheid te verbergen. Hij bezocht de verschillende kloosters, maar bleef 's nachts bij de poort in een schuilhoekje van biezen en wilde planten, dat hij telkens weer verbrandde om zelfs niet aan zo'n simpel verblijf gehecht te raken. Dat leverde hem zijn naam op, die 'huttenverbrander' betekent (op de Athos heet een skite nog altijd Καυσοκαλύβια, "brandende hut", ter ere van **Maximos**).

Degenen op de Heilige Berg, die wisten van de extreme ontberingen van de heilige **Maximos**, keken hem lange tijd met minachting aan, ook al had hij de hoogte en perfectie van het spirituele leven bereikt. Zoals we in tientallen of zelfs honderden hagiografieën lezen, deerde hem dat niet. Diezelfde geest lees je ook in de brieven van de heilige Jozef de Hesychast (16 augustus). Hierin maakt Jozef duidelijk dat hij alles voor God doet, niet voor de mensen om hem heen.

Op een dag bezocht de heilige Gregorios van de Sinaï (8 augustus) de Athos. Deze ontmaskerde de voorgewende dwaasheid van **Maximos** en noemde de dwaas een "aardse engel".

Gregorios hield hem voor dat hij zijn talent niet mocht verbergen, maar dat hij zijn geestelijk inzicht ten dienste moest stellen van anderen. Daarna vestigde **Maximos** zich inderdaad op een vaste plek, in een grot op de flank van de Athosberg. Daar ontving hij vele monniken en leken die zijn raad inwonnen en om zijn gebeden vroegen.

De heilige **Maximos** ontsliep in 1320, 95 jaar oud. Vervolgens werd hij begraven in het graf dat hij reeds lang geleden voor zichzelf gedolven had, en waar hij vaak de begrafenisgebeden had gereciteerd voor zijn arme ziel. Een gebruik dat bij meer heiligen te lezen is, dwazen om Christus of niet, die in een doodskist slapen of enkel liggen. De recent in Roemenië heilig verklaarde Cleopas van Sihăstria (†1998) vertelt hoe hij ooit aankwam in het klooster, waar de oude monniken in hun doodskisten sliepen. Zodoende werden ze gedwongen aan hun levenseinde te denken, om meer te weten te komen over hun eigen sterfelijkheid.

Maximos van Totma

16 januari

Er is weinig bekend over het leven van deze tweede heilige **Maximos**, zoals bij veel heiligen helaas het geval is. We lezen echter bij veel heiligen dat er tijdens hun leven of erna grote verering ontstond, in het geval van **Maximos** vanwege de vele wonderen bij zijn graf. Over zijn jeugd weten we amper iets, enkel dat hij werd geboren in de familie van Popov. Wel weten we dat hij als priester diende in de stad Totma (bisdom Vologda, Rusland), in de eerste helft van de zeventiende eeuw. Op zich al genoeg reden om hem te noemen, daar het ongebruikelijk is voor een priester om de ascese van dwaas om Christus op zich te nemen.

Nadat **Maximos** tot priester was gewijd, ondernam hij gedurende 45 jaar vrijwillig de moeizame ascese van dwaasheid ter ere van Christus. De kerk waarin de heilige diende was overigens duidelijk niet arm, want het zout dat in Varnitsa werd gewonnen was in die tijd een redelijk winstgevende zaak en de parochie moet rijke beschermheren hebben gehad. Dat klinkt wellicht irrelevant, maar het is opmerkelijk dat er veel heilige dwazen leefden in de Russische noordelijke handelssteden, zoals Novgorod of Ustyug. Op zich begrijpelijk, want met rijkdom komt comfort en decadentie, waardoor zeker niet het beste in mensen naar boven komt (zeker door een christelijke lens gezien). Je leest in andere levens van dwazen dan ook dat ze zich tegen allerlei vormen van dubieuze levenswandel uitspreken, waarbij ze mensen individueel waarschuwen of zelfs een standje geven. Soms subtiel, andere keren behoorlijk cru, maar altijd uit bezorgdheid en liefde, in de geest van wat gezegd wordt in Galaten 6:1: "brengt den zodanige te recht met den geest der zachtmoedigheid".

De heilige dwazen herinneren ons wat dat betreft aan het feit dat niet alles even eenvoudig is. De christelijke weg is in veel opzichten paradoxaal, het staat daarnaast veelal lijnrecht tegenover wat de wereld voorspiegelt als prijzenswaardig. Het leert hoe je alles kunt geven om meer te ontvangen. Hoe je jezelf (in moderne termen je 'ego') kunt opgeven om jezelf in Christus te vinden, om waarlijk mens te worden.

Terug naar priester **Maximos** die zich dus op een zekere dag als een dwaas begon te gedragen, wat waarschijnlijk zijn parochianen en de sponsoren behoorlijk schokte. Daarnaast bracht hij zijn tijd door met onophoudelijk bidden, strenge vasten, waarbij hij de zorg voor zijn naakte lichaam – in weer en wind, blootgesteld aan het barre Russische klimaat – volledig verwaarloosde. Om die reden onderscheidde de priester zich reeds tijdens zijn leven door genadegaven van God.

Maximos stierf op hoge leeftijd op 16 januari 1650 en werd begraven in de Varnitsa-kerk van de Wederopstanding in de stad Totma. Hoewel vermoedelijk al vereerd tijdens zijn leven, begon de grotere verering veel later pas.

Zijn moeizame en heilige leven en de wonderbaarlijke genezingen die uit zijn graf vloeiden, vormden een aansporing om een hagiografie over hem samen te stellen, maar deze brandde in het vuur van de Wederopstandingskerk in 1676. Later ging ook de nieuwe hagiografie, samengesteld in 1680, verloren. Ondertussen gingen de wonderen bij het graf van de heilige door.

In 1715 wendden de priester van de Wederopstanding-Kerk van de, Johannes Rokhletsov, en de parochianen zich tot aartsbisschop Joseph (van Veliko Ustyug). Hun verzoek was om hen toe te staan een graf op te richten over de relieken van **Maximos** in de Paraskevievskaya-kerk, gebouwd boven deze relieken, en om een afbeelding van de heilige op het graf te plaatsen. De bisschop gaf zijn toestemming en er werd gebeden bij het graf zoals bij andere heiligen. In die tijd herinnerde iedereen zich nog de wonderen die plaatsvonden op de begraafplaats van de heilige dwaas, en deze wonderen werden afgebeeld op zijn graf. Enkele wonderbare genezingen zijn bewaard gebleven en opgetekend:

1680 - Boris Timofeev Tarunin, een inwoner van Totma, werd ziek. Hij kreeg hevige koorts en bleef zes maanden in bed liggen. Toen hij uiteindelijk de heilige **Maximos** om hulp riep, ontving hij onmiddellijk genezing.

1691 - Arefa Malevinsky, een boer waarvan de woonplaats niet bewaard is gebleven, lag negen weken aan zijn bed gekluisterd, eveneens vanwege koorts. Ook hij riep de heilige **Maximos** tot hulp, waarna de ziekte volledig zijn lichaam verliet.

1703 - Fjodor Vasiliev Mamosjov, een andere boer, leefde maar liefst negen jaar lang met een verlamming. Tijdens de nacht van 5 november droomde Fjodor dat een oude man, gekleed in enkel een overhemd, naar zijn bed kwam en tegen hem zei: "Fjodor, houd toch eens op met treuren!". Deze amper geklede vreemdeling nam de verlamde boer bij de schouder, leidde hem de kerk binnen, en beval hem het graf van **Maximos** te vereren. Pas toen viel het kwartje wie toch die man in het overhemd was. Eenmaal wakker uit deze wonderlijke droom, voelde Fjodor zich dusdanig goed dat hij naar de kerk van de Wederopstanding kon lopen om inderdaad het graf van zijn genezer te vereren.

1705 - Anna Yakovleva Tataurova, een meisje waarover verder niets bekend is, verkeerde een volle maand lang in continue razernij. Ook zij werd in een droom bezocht door de heilige **Maximos**. De priester vertelde haar dat ze twee Panikhida's (gebedsdienst voor de zielenrust van iemand die dit leven heeft verlaten) bij zijn graf moest laten dienen. Er volgde een belofte dat de razende Anna dan genezen zou worden. Bij haar ontwaken vroeg het zieke meisje om naar het graf van de heilige uit haar droom te worden gebracht. Zo gezegd, zo gedaan, en nadat de twee Panikhida's waren voltooid, voelde Anna zich inderdaad volkomen genezen.

Theodoros van Novgorod

19 januari

Op 19 januari vieren we het leven van de heilige **Theodoros** van Novgorod. Hij was geboren bij welvarende maar vrome ouders. Na een gedegen opleiding begon hij steeds meer de heiligen te volgen in hun ascetische leven, om zo de christelijke deugd te perfectioneren. Dit behelsde strenge vasten, waarbij hij elke avond zijn eenmalige maaltijd nuttigde, en niets at op woensdag en vrijdag.

In het dagelijks leven bezocht **Theodoros** graag omliggende kloosters en woonde hij veelvuldig kerkdiensten bij, waar hij bad voor al zijn broeders en zusters. Verder hielp de heilige de armen en gaf rijkelijk aalmoezen aan alle behoeftigen die hij tegenkwam. Vooral de dwazen om Christus wonnen zijn hart, waardoor hij hun merkwaardige gedrag steeds meer begon te imiteren.

Op een dag omarmde **Theodoros** vol overgave de ascese van dwaasheid voor Christus en verdeelde al zijn bezittingen onder de behoeftigen. Zoals alle stedelijke dwazen zocht hij juist de drukke straten en marktpleinen op om onder de mensen te zijn. Hij zocht geen onderdak, precies zoals zijn rolmodellen. Ook in de strenge Russische winter sliep **Theodoros** op straat. Gekleed in vodden, zonder hoofddeksel en barrevoets, bad hij voor de voorbijgangers die om hem lachten en hem zelfs mishandelden. Alles verdroeg hij met heilig geduld, almaar biddend voor degenen die hem hadden beledigd.

Zoals veel dwazen bezat **Theodoros** de gave van voorspelling. Hoewel cryptisch en voor de meeste toehoorders onsamenhangend gebrabbel, kwamen meerdere voorspellen uit. Zo voorzegde hij een grote brand die een wijk plat legde, door vooraf te zeggen dat het gebied kaal zou worden, maar uitstekend zou zijn voor het telen van rapen. Op een ander moment waarschuwde hij mensen voor een naderende hongersnood. Daarnaast instrueerde hij kinderloze vrouwen om te bidden tot God, en noemde hij specifiek dat ze vervolgens een jongen of meisje door Hem geschonken zouden krijgen.

Een bijzondere episode uit zijn leven draait om een geveinsde vijandschap met een andere dwaas om Christus, de eveneens heilig verklaarde Nikolaas Kochanov (27 juli). De toedracht was een wederzijdse vijandelijkheid tussen de inwoners van twee wijken in Novgorod, te weten Torgov en Sophia. Een kleinzerig fenomeen dat we vandaag de dag nog steeds zien tussen woonwijken, dorpjes of sportclubs. Om de absurditeit ervan tentoon te spreiden ruziede **Theodoros** openlijk met deze Nikolaas.

Het toppunt was de dag waarop **Theodoros** gevraagd werd om een bezoek af te leggen in de wijk waar Nikolaas woonde. Aanvankelijk weigerde hij, vanwege de zogenaamde strijd tussen hem en Nikolaas, maar na veel aandringen besloot **Theodoros** toch overstag te gaan. Nikolaas kreeg lucht van het bezoek van zijn vermeende vijand, en zocht hem op. Eenmaal gevonden sloeg hij **Theodoros** met een zweep, waarbij hij hem de huid vol schold en eiste om een verklaring waarom hij in Sophia was gekomen. "Om te stelen van ons zeker?!", brulde Nikolaas met gespeelde woede.

Daarna ontvouwde zich een wonderbaarlijk schouwspel. De twee dwazen renden naar het water, de belaagde **Theodoros** voorop, met Nikolaas achter hem aan. Zonder verder na te denken liep **Theodoros** vervolgens over het water, met Nikolaas die zijn voorbeeld volgde. Vlak erna kreeg Nikolaas zijn bijnaam Kochanov, 'Koolkop', toen hij boos een kool naar zijn mededwaas gooide.

Uiteraard herhaalde dit theaterstukje zich toen Nikolaas het waagde om zich in het stadsdeel van **Theodoros** te begeven, oftewel de Torgov-wijk. De heilige dwazen, wel degelijk geestelijke broeders, herinnerden door hun ongewone gedrag de bevolking van de twee rivaliserende wijken aan hun stompzinnige strijd—bloederig bovendien, die af en toe zelfs in moord eindigde.

Hoewel in eerste instantie verguisd, uitgelachen, belachelijk gemaakt en mishandeld, kreeg **Theodoros** steeds meer waardering om zijn heilige leven. Een ontwikkeling die je vaker ziet bij dwazen. Het duurt nu eenmaal een tijdje voordat men de waarde van hun woorden begint in te zien. Niet ieder hart laat zich makkelijk ontdooien.

Na een turbulent leven is **Theodoros** in 1392 ontslapen. Zijn verering stierf niet met hem, maar groeide enkel. Hij werd begraven in Lubyanitsa, in de kerk van de heilige grootmartelaar Georgios (23 april). Op de plek waar **Theodoros** graag tijd doorbracht in gebed werd hij te ruste gelegd. Daaroverheen werd een kapel gebouwd. Velen vonden genezing door te bidden bij zijn relieken.

Xenia van St. Petersburg

24 januari

Nog steeds zijn we in januari, met ditmaal een vrouwelijke dwaas, te weten de heilige **Xenia** van St. Petersburg. Een tragisch maar inspirerend verhaal, hoewel verweven met wat je gerust Russische romantiek kan noemen.

De heilige **Xenia** was gehuwd met een briljante kolonel uit het leger die in het militaire koor zong, genaamd Andrei Fjodorovitsj Petrov. Ze leidde het op plezier gerichte leven van de aristocratie in de hoofdstad, zoals zovelen. Tragisch jong, slechts 26 jaar, moest **Xenia** al afscheid nemen van haar man. Hij overleed op een—blijkbaar heftig—drinkgelag. Zijn plotselinge heengaan gaf haar een hevige schok van realiteitszin, waardoor ze tot het bewustzijn kwam van de vergankelijkheid van het aardse geluk. Het leven kan abrupt en vlug eindigen, ook op jonge leeftijd, ondervond ze op pijnlijke wijze. Dit bewustzijn veranderde haar leven totaal.

Omdat **Xenia** wist dat haar man zich niet op de dood had voorbereid en zonder gebeden van de kerk was gestorven, begon ze zich zorgen te maken over de eeuwige toestand van zijn ziel. Met een compleet andere blik keek ze naar haar leven. Weg waren de gedachtes aan alle feestjes, aan enkel plezier maken met vrienden. In feite verbrak ze alle banden met de wereld, dusdanig rigoureus dat haar familieleden dachten dat ze het verstand had verloren.

De waarheid was echter anders. **Xenia** wilde zich nu geheel aan de dienst van God wijden, maar deed ook dit op de meest radicale manier door volledige dienstbaarheid en overgave aan God in volstrekte nederigheid, waardoor Hij haar de genade gaf om een heilige dwaas om Christus te kunnen worden.

Allereerst begon de jonge weduwe met het schenken van haar bezittingen aan de armen. Vervolgens trok ze het uniform van haar man aan; een groene kaftan en een rode broek. Aan iedereen verkondigde ze dat "**Xenia** Grigoryevna is overleden". Daarbij nam ze zijn naam aan, ze liet zich zelfs bij zijn naam noemen door mensen om haar heen. Zo probeerde ze zijn persoonlijkheid en herinnering in stand te houden.

Vrij spoedig was **Xenia** louter in lompen gehuld. Blootsvoets zwierf ze door de straten van het armenkwartier van St. Petersburg, ook in de barre Russische wintertemperaturen, zonder onderdak. Wanneer iemand haar geld gaf, deelde ze dat ogenblikkelijk uit aan bedelaars. De heilige zwervende at slechts af en toe, wanneer ze bij kennissen was uitgenodigd. 's Nachts verliet ze de stad en bleef in het open veld knielend bidden tot zonsopgang. (Dit laatste weten we dankzij nieuwsgierige politie die haar in de nacht volgde.)

Was ze niet aan het bidden in de nacht, dan hielp **Xenia** in het geheim bij de bouw van de kerk op de Smolensk-begraafplaats. De arbeiders merkten al snel dat er 's nachts stenen op de bouwplaats verschenen. Later bleek het de heilige te zijn die na het vallen van de avond stenen naar boven droeg. "Maar Andrei Fjodorovitsj, wanneer slaap je dan?" vroegen de bezorgde bouwers. "Geen zorgen", antwoordde **Xenia**, "We zullen genoeg tijd hebben om in het graf te slapen."

Oplettende gelovigen kwamen langzamerhand tot het inzicht dat er zich een heilige in hun midden bevond. **Xenia** bleek niet zomaar een verwarde vrouw te zijn in vergane mannenkleding, zoals voorheen door velen werd gedacht. Ze vertoonde niet het doelloze gedrag dat kenmerkend is voor geesteszieken.

Haar raadselachtige woorden hadden vaak een diepe betekenis, en soms bleek zij toekomstige gebeurtenissen te hebben voorspeld. Anders dan bij sommige andere dwazen, was **Xenia** echter zachtmoedig, bescheiden, en ingetogen. Geen capriolen zoals we lezen in het leven van iemand als Simeon uit Edessa (21 juli).

Er zijn meerdere voorbeelden van haar voorspellende vermogen bekend gebleven. Zo rende **Xenia** vlak voor Kerstmis 1761 angstig door de straten waarbij ze riep: "Maak pannenkoeken, maak pannenkoeken, binnenkort maakt heel Rusland pannenkoeken!" Inwoners van de stad voelden meteen dat er iets mis was, aangezien pannenkoeken in de orthodoxe traditie gegeten worden bij begrafenissen. Inderdaad klopte hun voorgevoel, want op 24 december stierf de tsarina Elizaveta Petrovna aan een beroerte.

Ergens in 1764 voorspelde **Xenia** de dood van Ivan VI, de troonopvolger (tsaar bij geboorte) die op 2-jarige leeftijd samen met het gehele gezin werd gearresteerd. Vlak voor zijn dood kon **Xenia** niet stoppen met huilen. Op de vraag wat er aan de hand was, antwoordde ze: "Bloed, bloed, bloed... De rivieren stromen van bloed, de kanalen zitten vol bloed, er is bloed, bloed..." Na jarenlange eenzame opsluiting werd Ivan VI in 1764 op 24-jarige leeftijd vermoord, omdat zijn identiteit bekend dreigde te worden.

Een ander mooi voorbeeld van **Xenia**'s helderziendheid is het bezoek bij haar vrienden, de familie Golubev. Terwijl gewacht werd op het serveren van koffie, riep **Xenia** plotseling tegen de dochter: "mijn schoonheid, je ben hier op je gemak koffie aan het zetten, terwijl je man zijn vrouw in Ochta begraaft. Snel, rennen!". Het jonge meisje en haar moeder waren uiteraard nogal verbaasd over deze raadselachtige woorden, maar wisten van de gave van **Xenia** om in de toekomst te kunnen kijken. Daarom gehoorzaamden ze de heilige onmiddellijk. Bij het naderen van de begrafenisstoet werd de door **Xenia** genoemde jonge dokter zo overmand door verdriet dat hij flauwviel. De moeder en haar dochter namen hem mee. Eenmaal in huize Golubev kwam hij weer bij zijn bewustzijn. Meteen maakte hij kennis met de gehele familie, en jawel, een jaar later werd de Golubev-dochter zijn vrouw, precies zoals voorspeld.

Verder bracht **Xenia** merkbare zegen waar zij kwam, eveneens op stoffelijk gebied. Taxichauffeurs vroegen om haar een eindje te mogen vervoeren, aangezien hierna de inkomsten voor de rest van de dag gegarandeerd waren. Kooplieden in de bazaars probeerden de heilige wat 'kalach' (bepaald soort brood) of ander eten te geven, want als **Xenia** iets nam van het aanbod, waren alle andere goederen van de verkoper vervolgens vliegensvlug verkocht. Zieke kinderen die zij kuste herwonnen snel hun gezondheid, dus moeders waren maar wat blij als de vrouw in lompen hun kroost een kus gaf.

Niet alle verkopers waren even blij, althans, in het bijzonder enkele handelaren die honing uit een vat probeerden te slijten. Deze verkochten ze tegen een hoge prijs aan welwillende kopers, totdat plotseling **Xenia** verscheen. "Neem het niet, neem het niet!", riep ze. "Deze honing moet niet gegeten worden; het heeft een penetrante lijklucht!" Met volle kracht duwde ze het vat om, dat op het trottoir omviel. Tot grote ergernis van de kooplieden vloeide de honing over straat. Vervolgens kregen mensen de schrik van hun leven toen ze zagen dat er onderin het vat een dode rat lag. Iedereen werd zodoende gedwongen alsnog de duurbetaalde honing weg te gooien. Dergelijk gedrag lezen we ook bij de heilige Basilios (2 augustus).

Zo veranderde in de loop der jaren het medelijden dat men voor **Xenia** voelde in een algemene verering, en men zag haar als de beschermengel van de stad. Nadat ze dit onmenselijk zware leven 45 jaar had geleid, veel langer dan het leven voordat haar man heenging, ontsliep **Xenia** in de Heer in de ouderdom van 71 jaar, rond het jaar 1800.

Haar graf werd vanaf het begin bezocht en werd steeds meer een bedevaartsplaats waar wonderen, genezingen, voorspellingen en verschijningen nog steeds voortduren. Mensen die om haar voorspraak kwamen, namen een handvol grond mee en daarom moest de heuvel bovenop het graf twee keer vervangen worden.

Zo lezen we over keizerin Maria Feodorovna die **Xenia** ergens in de jaren 1870 vroeg om te bidden voor haar met tyfus gekwelde echtgenoot, de toekomstige keizer Alexander III. Een bediende gaf haar zand uit het graf van **Xenia**, wat ze onder het kussen van haar zieke man uitstrooide. Diezelfde nacht voorspelde de oude **Xenia** in een droom het herstel van Alexander, en de komst van een dochter die Xenia zou gaan heten. Het echtpaar gehoorzaamde de boodschap uit de droom. De dochter zou inderdaad Xenia heten, grootvorstin Xenia Aleksandrovna Romanova welteverstaan.

Een andere anekdote gaat over een landeigenares in de provincie Pskov waar een familielid uit St. Petersburg logeerde. Deze vertelde hoe ze **Xenia** thuis vereerden. Onder invloed hiervan bad de vrome landeigenares voor het slapengaan voor de rust van haar ziel. Die nacht droomde ze dat **Xenia** door haar huis liep en overal water goot. Bij het aanbreken van de morgen vloog de hooischuur op het landgoed in brand, maar het vuur verspreidde zich niet verder en de woning werd gespaard.

Over het graf van **Xenia** werd een prachtig grasgroen kerkje gebouwd dat nu midden in   thet grote Smolensk-kerkhof van St. Petersburg staat. Door de sovjets werd dit gesloten en bouwvallig verklaard. Omdat de gelovigen toch bleven komen werd er een grote schutting omheen geplaatst, maar de spleten daarvan dienden als bevestiging voor de briefjes met gebedsintenties die de mensen daar kwamen brengen.

De eigenlijke kerk op de begraafplaats herbergt een vurige gemeente die zeer actief aan de kerkelijke getijden deelneemt. In het kader van de duizendjarige viering van de Doop van Rusland, is het grafkerkje vrijgegeven, en geheel gerestaureerd. **Xe-**

nia's officiële heiligverklaring vond echter pas plaats tijdens de grote millennium-herdenking in de zomer van 1988.

Op haar graf is nog steeds het oorspronkelijk inschrift te lezen:

*In de Naam van de Vader, de Zoon en de Heilige Geest. Hier rust het lichaam van de dienaresse Gods, **Xenia** Grigorievna, echtgenote van de keizerlijke koorzanger Kolonel Andrei Fjodorovitsj Petrov. Zij werd weduwe op de leeftijd van 26 jaar, was een pelgrim gedurende 45 jaar, en zij leefde in het geheel 71 jaar. Zij stond bekend onder de naam Andrei Fjodorovitsj.*

Laat ieder die mij gekend heeft bidden voor mijn ziel opdat uw eigen ziel moge worden gered.

Amen.

Overal ter wereld helpt **Xenia** mensen, zelfs mensen die voorheen niets van haar wisten. Ze helpt niet alleen degenen die tot haar gebeden hebben, maar zelfs degenen die nog tot haar zullen gaan bidden. Een voorbeeld hiervan is het volgende verhaal.

De priester vader Weldon Hardenbrook, was destijds rector van een kerk in Santa Cruz County. Dit was in de tijd dat de parochie nog Evangelistisch was.

Op een dag reed een jongeman op zijn Harley-Davidson naar de kerk. Zijn uiterlijk verraadde het leven van een verloren zoon, maar hij was oprecht geïnteresseerd in Jezus. Er ontstond een band met vader Weldon en de jongeman begon geleidelijk zijn leven te veranderen. Hij had de ene slechte gewoonte na de andere opgegeven en uiteindelijk zei de priester hem dat hij zijn 'motorrijden' moest opgeven als hij Christus echt wilde volgen. Dit was echter te veel voor de man en hij verliet de gemeenschap en de zorg van zijn priester, met de intentie om nooit meer terug te keren.

Al snel kreeg de man een ongeluk, waarbij hij zijn beide benen verloor. Hij belandde weer in het gezelschap van zijn oude 'vrienden' en op een avond, terwijl hij met hen drugs en alcohol misbruikte, verloor hij het bewustzijn. De anderen hielden hem voor dood en sleepten zijn slappe lichaam naar de straat en gooiden het in de dichtstbijzijnde afvalcontainer.

Het was een ruwe ontwaking om in een afvalcontainer wakker te worden, wentelend in de stinkende rotzooi. Verdwaasd klom hij eruit en ging op de stoeprand zitten, verzonken in deze pessimistische gedachten: "Dus dit is waar ik terecht ben gekomen. Nutteloos, menselijk afval. Weggegooid als vuilnis."

Plotseling werd hij geraakt door de aanwezigheid van een oude vrouw in gescheurde kleren. Ze kwam dichterbij met een felle, beschuldigende blik. "Je weet waar je heen moet", zei ze, wijzend naar hem. "Dus, ga daarheen!" Op dat moment herinnerde de man zich zijn voormalige priester en de kerk waar hij bijna tot toegetreden was.

Bij zijn terugkeer zag hij dat de kerk veranderd was; er stonden gouden koepels met kruisen op het dak, en het interieur zag er compleet anders uit. Hij keek verbaasd om zich heen en zijn blik viel op het icoon van een vrouw die precies leek op de "zwerfster" die hem had verteld waar hij heen moest gaan. Het was de heilige **Xenia** van St. Petersburg.

Hierop ontving hij de doop en begon het leven te leiden van een toegewijd parochiaan, dit keer werkelijk veranderd.

Pelagia van Diveyevo

30 januari

Een andere vrouwelijke dwaas in januari is **Pelagia** Ivanovna Serebrennikova, eveneens een Russin. Zij was de eerste in de rij van vrouwelijke heiligen van Diveyevo. Ook noemen ze haar wel eens "de tweede Serafim", door haar verheven spirituele leven en de overvloed aan genadige gaven van de Heilige Geest.

Pelagia werd geboren in 1809 in een rijke koopmansfamilie in Arzamas en had twee broers. Haar vader overleed al vroeg en haar moeder hertrouwde met een strenge man. In haar kindertijd was ze ernstig ziek, een terugkerend fenomeen bij vrouwelijke heilige dwazen, zodat ze een lange tijd bedlegerig was. Nadat ze weer beter was begon ze zich vreemd te gedragen en hoe ze ook bestraft werd door haar moeder en stiefvader, haar gedrag veranderde niet. Dit resulteerde erin dat ze al op jonge leeftijd de bijnaam "dwaas" kreeg.

Mede door dit gedrag, huwelijkte haar moeder **Pelagia** op 19-jarige leeftijd uit. Deze verbintenis was geen vreugdevolle, daar twee zonen en een dochter stierven als baby. Daarbij veranderde haar dwaze gedrag niet. In het begin van hun huwelijk wilde haar man haar helpen met haar mentale gezondheid. Hij nam haar, samen met zijn schoonmoeder, mee en bezocht de heilige Serafim van Sarov (2 januari). Deze sprak lange tijd privé met **Pelagia**. Hierna nam hij afscheid van haar en in bijzijn van haar man en moeder gaf Serafim haar een gebedskoord, boog voor haar en zei: "Ga, *Matushka*, naar Diveyevo en verdedig mijn wezen. God zal je daar verheerlijken." Terwijl ze wegliep, vroeg een jonge monnik die buiten de cel van Serafim stond wie ze was. De heilige antwoordde: "Deze vrouw zal een groot lichtpunt van het geloof worden!"

Bij thuiskomst leek het voor de buitenwereld alsof **Pelagia** haar verstand had verloren, maar in werkelijkheid begon ze het leven van een dwaas om Christus. Overdag rende ze schreeuwend rond, op blote voeten en half naakt. De nachten bracht ze al biddend door voor de gesloten deuren van de kerk. Wanneer haar man wat geld gaf, gaf ze het met de andere hand gelijk aan de armen.

Haar man, samen met andere familieleden die haar niet begrepen, sloegen, bespotte, verhongerde en ketende de heilige vast. Deze kwellingen onderging ze jaren lang, waarbij de genade van God haar voedde en sterkte om deze ontberingen te doorstaan.

Uiteindelijk joeg haar man haar het huis uit en keerde **Pelagia** terug naar het huis van haar moeder. De wreedheden hielden daarmee niet op, **Pelagia** werd ook daar eigen moeder wreed behandeld en geslagen. Dit veranderde echter nadat haar moeder Serafim opnieuw had opgezocht om de situatie van haar dochter te bespreken. Toen hoorde ze dat wat haar dochter deed, God welgevallig was en dat zij het haar moest toestaan. Hierna mocht **Pelagia** leven zoals ze wilde. Na de dood van de heilige Serafim in 1837 werd ze, na toestemming van haar moeder, naar Diveyevo meegenomen door de helderziende Moniale Juliana. Hiermee werd de profetie van de heilige Serafim vervuld.

In het klooster zette **Pelagia** haar ascetische leven voort als dwaas om Christus. **Pelagia** was zelden in haar cel te vinden en bracht het grootste deel van haar tijd door op de binnenplaats van het klooster, zittend in een kuil vol vuil of op de hoek van een wachthuisje. Ze liep altijd op blote voeten, doorboorde haar voeten met spijkers en deed er alles aan om haar lichaam te kwellen. Ze at weinig, leefde enkel van brood en water, en ging nooit naar de kloostermaaltijden. In plaats daarvan ging ze de cellen af om bij de monialen brood te vragen. Net als de heilige Isidora (10 mei) werd ze door een aantal zusters mishandeld. Zij zagen haar als gestoord en bezeten door een helderziende demon. Gelukkig behandelden niet alle monialen haar zo, er waren er ook die haar vereerden en 'mama' noemde.

Pelagia knipte nooit haar nagels en bezocht nimmer een badhuis. Ze sliep vrijwel nooit, ze stond zich alleen toe om te gaan zitten voor een dutje. In de nacht hield ze de wacht, zonder zich iets aan te trekken van de bittere kou of regen. Dit deed ze op diverse plekken in het klooster, met haar gezicht naar het oosten. Ondanks dat ze zich aan alle elementen blootstelde, werd ze nooit ziek. Drie jaar voor haar dood viel ze tijdens een winterse sneeuwstorm in een kloostertuin en haar schortjurk met onderhemd vroor aan de grond vast. Ze bracht de hele nacht zo liggend door.

Tijdens haar leven was de genade van God zo sterk in haar dat zij mensen genas die zich tot haar wendden. Net als de heilige dwaas Basilios (2 augustus) bluste ze een vuur op afstand. Ook bezat ze de gave van profetie en verscheen in andermans dromen en verrichtte via die manier genezingen. Vier jaar voor haar dood voorzag **Pelagia** de verspreiding van het jakobinisme en terrorisme die het Russische rijk zou overschaduwen. Ook voorzag ze de moord op Tsaar Alexander II, waar ze voortdurend voor weende en bad.

Haar bekendheid verspreidde zich en uit alle hoeken van Rusland werd ze bezocht. De hegoumena Maria had veel respect voor **Pelagia** en raadpleegde haar in alle zaken. Niets werd er gedaan zonder eerst haar raad in te winnen. Voor veel bewoners werd **Pelagia** een spirituele moeder, die de zusters van het klooster liefdevol haar dochters noemde.

Na 20 jaar ascese verscheen Serafim van Sarov aan **Pelagia** in een droom en op bevel van hem sloot ze zich op in een cel. Ze begon mensen te vermijden, werd stil, zat en sliep altijd op de grond bij de deur van de ingang, en bracht haar nachten door in gebed. Ze voedde zich voornamelijk met zwart brood, waarvan ze kleine balletjes rolde die dienden als kralen voor het Jezusgebed.

Kort voordat **Pelagia** stierf, zag ze vanuit haar raam een vrouw naar haar toe komen. Ze schreeuwde en schudde dreigend met haar vinger. De vrouw bleef staan. "Is het nog te vroeg, moeder?" vroeg ze. "Te vroeg!", antwoordde **Pelagia**. De vrouw boog diep en vertrok. Periodiek zou deze vrouw terugkomen voor bezoeken en nadat **Pelagia** ontslapen was bleef ze daar om te leven. Haar naam was Paraskeva van Diveyevo (22 september), en is ook in dit boek opgetekend.

Door de celbewaarder van **Pelagia**, Anna Gerasimovna, weten we vrij veel van haar laatste dagen hier op aarde.

"Twaalf dagen voor haar dood lag ik 's nachts op de kachelbank en **Pelagia** zat op haar wollen kleed op de vloer. Plotseling—en zoiets hadden we nog nooit eerder meegemaakt—hoorde ik haar zingen. Ik kon het me niet allemaal herinneren, maar deze woorden sprongen eruit: "De engelen vroegen zich af hoe de Maagd Maria van de aarde naar de hemel was opgestegen." Waarom, vroeg ik me af, wat is er met haar aan de hand? Zoiets hadden we nog nooit eerder meegemaakt; God verhoede dat er iets slechts uit voortkomt! Een andere keer, ondanks haar lijden en extreme zwakte—het was op de vooravond van haar dood— richtte **Pelagia** zich plotseling op in bed, strekte haar handen uit, hief deze omhoog en riep verheugd uit: "Moeder van God!" Haar gezicht straalde van vreugde en ze was vervuld van ontzag. Toen ze deze woorden zei, liet ze uitgeput haar hoofd weer op haar kussen zakken. Het lijkt erop dat de Moeder van God de heilige dwaas niet zonder haar Goddelijke hulp heeft gelaten tijdens de laatste momenten van haar leven."

Ook werd **Pelagia** vóór haar dood de Heilige Mysteriën door engelen gegeven. Ze beloofde dat zij degenen die haar herinnerden zou herinneren en voor hen zou bidden. De heilige **Pelagia** ontsliep op 30 januari 1884. In oktober 2004 gaf de Raad van Bisschoppen een zegen voor haar universele verheerlijking.

Isaäkios de Recluus

14 februari

We gaan nu naar Kiev en naar de maand februari voor de volgende dwaas, de heilige **Isaäkios**, een recluus van het beroemde Holenklooster in Kiev.

Aanvankelijk was **Isaäkios** een rijke koopman in Toropets, dicht bij Pskov. Zijn wereldse naam luidde Tsjern. Toen hij verhalen hoorde over de door God gezegende Antonios (10 juli) in het Holenklooster, werd hij gegrepen door het verlangen om heel zijn leven aan God te wijden. Hij verdeelde zijn imposante vermogen uit onder de armen en trok naar Kiev. Daar ontving hij de monnikswijding uit de hand van Antonios en hij sloot zich bij de monniken aan.

In zijn vurigheid streefde **Isaäkios** echter naar nog strengere ascese. Hij metselde zichzelf, gehuld in een harenkleed en de onbehandelde huid van een gevilde geit, in een van de holen van de steile oever van de Dnjepr. Gedurende zeven jaar leefde hij daar met amper zonlicht tot zijn beschikking. Door een klein raampje waaruit hij zijn arm stak, reikte de heilige Antonios hem om de andere dag een grote prosphora (het welbekende gestempelde ronde Orthodoxe brood voor de communie) aan. Dit vormde het enige voedsel dat **Isaäkios** nuttigde.

Op een zeker moment wisten de demonen **Isaäkios** te bedriegen, doordat hij niet nauwlettend genoeg acht gaf op de deemoed. Bij het vallen van de avond had hij tot middernacht geknield psalmen gezongen, zoals zijn regel was. Moe geworden ging hij op zijn kruk zitten. Zoals gewoonlijk doofde zijn kaars, maar nu laaide er plotseling een licht op in de crypte alsof het uit de zon scheen, fel genoeg om zijn zicht te ontnemen. Twee mooie jongeren kwamen toen naar hem toe. Hun gezichten straalden als de zon, en ze zeiden tegen hem: "**Isaäkios**, wij zijn engelen. Christus nadert steeds dichter bij je. Laat jezelf vallen en aanbid hem."

De onbedachtzame **Isaäkios** begreep hun duivelse list niet en vergat een kruis te slaan. Zo knielde hij voor de visuele vervalsing van de demonen, denkend dat hij voor Christus Zelf knielde. De demonen riepen lachend: "Nu, **Isaäkios**, hoor jij bij ons!".

De demonen leidden **Isaäkios** daarna terug naar zijn cel en zette hem neer. Ze gingen daar om hem heen zitten, waardoor de cel vol met listige duivels stond. Een van hen, die zichzelf Christus noemde, gebood de rest om te spelen op hun fluiten, lieren en luiten, zodat de arme **Isaäkios** voor hen kon dansen. Daarna sloegen ze hem en begonnen hem voor de gek te houden. Eenmaal uitgespeeld en klaar met tormenteren, lieten ze hem meer dood dan levend achter.

De volgende dag bij zonsopgang, toen het tijd was om het brood te breken, kwam Anthonios naar het raam volgens zijn gewoonte. "Moge de Heer u zegenen, vader **Isaäkios**", zei hij zoals iedere keer.

Een antwoord bleef uit.

Denkende dat **Isaäkios** overleden zou zijn, liet Anthonios enkele broeders komen om de cel binnen te dringen. Daar vonden ene Theodosios en andere broeders de verslagen **Isaäkios** in leven, hoewel amper enige tekens daarvan. Meteen werd geconcludeerd dat het een list van de tegenstander moest zijn geweest. De aangevallen monnik werd daarna op een baar terug het klooster in vervoerd. Theodosios nam **Isaäkios** mee naar zijn eigen cel, waar hij hem verzorgde. Zijn broeder was namelijk dusdanig lichamelijk verzwakt dat hij zich niet van de ene kant naar de andere kant kon draaien. Hij stond niet op en kon niet eens zitten, hij lag enkel op zijn zij en ontlastte zich zoals hij lag. Theodosios waste en kleedde hem eigenhandig, en verzorgde hem dag in dag uit als lichtend voorbeeld van broederlijke liefde. Naast bijna niet te eten, sprak **Isaäkios** geen woord, maar bleef doof en stom. Dit alles duurde maar liefst twee jaar.

De geduldige Theodosios bad al die tijd tot God om de genezing van zijn broeder, en sprak dag en nacht smeekbeden over hem uit. Dit bleef hij volhouden totdat **Isaäkios** in het derde jaar begon te praten, opstond en voorzichtig begon te wandelen. Hij wilde echter niet naar de kerk, dus droegen de broeders hem daar met geweld naartoe. Ook leerden ze hem naar de refter te gaan om mee te eten, waar ze hem weliswaar apart van de anderen plaatsten. Vervolgens duurde het een week voordat **Isaäkios** daar eindelijk begon te eten. Op deze manier hielp Theodosios om de gekwelde broeder los te krijgen van de betovering van de duivel.

Na de dood van zijn trouwe broeder Theodosios, begon **Isaäkios** zich toe te leggen op een serieuzer kloosterleven, waarbij hij in de keuken hielp en bij alle diensten roerloos bleef staan. Zijn schoenen waren zo versleten, dat hij in de strenge winters met zijn voeten aan de koude grond vastvroor. Eenmaal terug in de keuken zorgde hij dat het vuur aangestoken werd voordat de andere broeders kwamen werken. Eén van hen grapte tegen **Isaäkios** dat deze een kraai moest vangen die zat waar ze bezig waren. Normaliter zou zoiets nooit lukken, maar **Isaäkios** boog zich simpelweg naar de vloer en pakte de kraai als een tamme vogel op. De ontsteltenis die volgde vloeide over in groeiend ontzag voor deze bijzondere broeder.

Juist die lofprijzingen werden **Isaäkios** te gortig. Hij wilde niets van menselijke glorie, dus begon zich steeds dwazer te gedragen. De prior (kloosteroverste) moest er aan geloven, maar ook bij alle broeders en bezoekende leken haalde **Isaäkios** grappen en grollen uit. Zoals we vaker lezen kreeg de dwaas vervolgens van meerdere mensen mishandelingen te verduren, tot zijn eigen genoegen.

Op een dag trok **Isaäkios** zich terug in de eerder opengebroken cel die hij had bewoond, waar hij onderricht gaf aan jongeren. Nog altijd gedroeg hij zich daarbuiten als een dwaas, dus aan klappen geen gebrek. Overigens onder andere van ontstemde ouders die hem belaagden, omdat ze hun kinderen liever niet het klooster in zagen gaan.

Nestor, die de beroemde kronieken over de geschiedenis van Rusland heeft opgetekend, heeft veel hiervan beschreven, en noemt dat hij persoonlijk heeft gezien wat een bijzondere heilige in zijn midden was. Hij vertelt hoe **Isaäkios** het vuur dat in zijn cel ontstond doofde met zijn blote voeten, bij gebrek aan beter blusmateriaal.

Verder lezen we hoe **Isaäkios** nooit met rust gelaten werd door de demonen, maar na zijn levensbedreigende ervaring beter gewapend was tegen hun listen. Dus toen ze volhielden dat hij van hen was, omdat hij er eentje zogenaamd had aanbeden, sloeg hij een kruis en gebood ze weg te gaan. Ook hun aanvallen in de vorm van wilde dieren, slangen en reptielen weerde hij standvastig af. Drie jaar lang werd hij geterroriseerd door demonen, waarop hij nog strengere ascese begon te bedrijven van vasten en waken.

Op een zeker moment namen zijn lichaamskrachten af. **Isaäkios** raakte geheel uitgeput en werd ziek. Hij was te zwak om te blijven leven in zijn grot, waardoor de broeders hem naar het klooster brachten, waar hij acht dagen later ontsliep. Hegoumen Johannes en alle broeders bereidden het lichaam van de heilige voor en begroeven hem eervol in de grot. Het jaar was 1090.

Deze strijdlustige soldaat van Christus, die eerst door de vijand werd verslagen, versloeg later zelf de Duivel en werd vereerd het hemelse koninkrijk te ontvangen. Een heilige dwaas die de duivel als een verslagen dwaas deed achterlaten.

Romanos van Karpenision

16 februari

De heilige **Romanos** was een ongeletterde, eenvoudige boer uit het dorp Karpenision (huidig Karpenisi in Griekenland). Ergens in de zeventiende eeuw volgde hij een groep gelovigen die een pelgrimage naar Jerusalem maakte.

Geïnspireerd door alle verhalen over de heldhaftigheid en de roem van de martelaren voor Christus, wilde **Romanos** daar vanuit heel zijn hart aan deelhebben. Hoewel de Patriarch hem de raad gaf het niet te doen, omdat deze **Romanos** niet sterk genoeg achtte om de martelingen te doorstaan, bleef de boer het verlangen koesteren. *(In die tijd was de islam al behoorlijk verspreid, en werden er vele christenen vervolgd die openlijk hun geloof beleden. Christenen werden voor de keuze gesteld om christen te blijven en torenhoge belastingen te betalen, met grote kans op een uiteindelijke marteldood, of de islam aan te nemen. Kinderen die geboren werden in een gemengd huwelijk werden automatisch moslim, een gebruik dat nog steeds van kracht is. Deze dwingeland-methodiek heeft zeker bijgedragen aan de succesvolle verspreiding van de Islam. Een ontwikkeling die anno 2024 nog steeds gaande is in veel landen.)*

Na dit bezoek aan de heilige stad trok **Romanos** toch de stoute schoenen aan en reisde naar Thessaloniki, waar hij in de straten begon te roepen dat Christus de waarachtige God is, de Schepper en Verlosser van de wereld, en dat Mohammed slechts een schrijver van verzinsels was. Spoedig genoeg werd **Romanos** door de Turken gevangen genomen. Eenmaal voor de rechter gesleept, noemde **Romanos** hun profeet zelfs de antichrist in bijzijn van iedereen. Om hem zijn geloof te laten afzweren werd de predikende boer hevig gefolterd, en tenslotte veroordeeld tot onthoofding.

Een admiraal van de marine vroeg de rechter om de veroordeelde **Romanos** aan hem uit te leveren. Hij kon hem goed gebruiken als roeier, zei hij, en hield voor dat dit voor de martelaar erger zou zijn dan de dood. Vanwege zijn positie als roeier aan boord zou de moedige christen namelijk zijn hele leven geestelijk en lichamelijk gemarteld worden. De rechter vond het blijkbaar een vermakelijk idee, dus zo gezegd zo gedaan. De admiraal nam **Romanos** mee, knipte zijn haar en baard af, en zette hem aan de roeiriem.

Korte tijd later kochten enkele christelijke vrienden van de kapitein hem om, waarop hij **Romanos** de vrijheid schonk. De christenen stuurden hem naar de Athos, naar de Skete van Kavsokalyvia, waar hij in de buurt van de heilige Akakios (12 april) woonde, en onder diens gehoorzaamheid. Daar worstelde **Romanos** voortdurend met zijn bestaan. Hij kende geen vrede want zijn gedachten waren continu op het martelaarschap gefocust. Zijn verlangen dat in Jerusalem opboeide liet zich niet zomaar rooien, daarvoor waren de wortels te diep in zijn nous genesteld.

Dankzij een visioen over het martelaarschap van **Romanos** gaf Akakios in 1694 zijn geestelijk kind toch de zegen om eropuit te trekken, het martelaarschap tegemoet. In Jerusalem uitten de christenen hun angst op grafschending van het heilige Graf uit wraak, dus trok **Romanos** verder naar Constantinopel. We lezen deze plaats in vele heiligenlevens van martelaren uit die tijd. Logisch, gezien de eerdere inname van deze stad door de Ottomanen (Turken).

Beland in Constantinopel begon **Romanos** zich als een dwaas te gedragen. Helaas hebben we geen gedetailleerde beschrijving daarvan. Alleen dat hij een gevangen hondje aan zijn riem bond, waarmee hij naar de bazaar wandelde. Daar stouwde hij het dier vol met eten. Verwonderde Turken vroegen waarom hij het hondje zo behandelde. Hij antwoordde hen: "Om hem te voeden zoals de christenen jullie Turken voeden." (een kritiek op de eerder buitenproportionele belastingen die christenen betaalden.) Zodra omstanders dit hoorden, grepen ze **Romanos** en brachten hem naar de vizier, waar hij dezelfde woorden herhaalde. Toen beval de vizier hem te martelen totdat hij zijn geloof zou verloochenen.

Zijn kwelgeesten gooiden **Romanos** eerst in een droge put, waarin ze normaliter hun moordenaars gooiden. Daar bleef de gezegende veertig dagen in leven zonder voedsel. Vervolgens haalden ze de standvastige belijder uit de put en martelden hem genadeloos op verschillende manieren. Dit bleek, naar verwachting gezien de eerdere pogingen, tevergeefs. Wanhopig en woedend beval de vizier daarom **Romanos** te onthoofden met het zwaard—een populaire doodstraf van moslims, lezen we in vele heiligenlevens uit die tijd in islamitische streken.

Onderweg naar het executieterrein begroette **Romanos** elke christen die hij tegenkwam met grote vreugde. Tegen hen allen zei hij dat hij naar een bruiloft ging, niet naar een slachting, tot verbazing van velen. Bij de moskee die hij passeerde, op het moment dat vanaf de minaret werd opgeroepen tot gebed, spuugde de martelaar richting de muezzin. Daarop sneden de beulen onmiddellijk zijn tong af. Desondanks bleef **Romanos** alle aanwezige christenen groeten, terwijl het bloed uit zijn mond stroomde.

Uiteindelijk werd **Romanos** geëxecuteerd, terwijl hij God dankte. Zijn stralende hoofd plofte neer in het stof, zijn onthoofde lichaam viel uit zichzelf naar het oosten, alsof het nog leefde en voor de laatste keer een knielbuiging maakte ter ere van God. Boos door dit duidelijke teken verdreven de Turken de massa christenen die het schouwspel hadden gadegeslagen.

Dit alles gebeurde in het begin van 1694. Het lichaam van **Romanos** bleef drie dagen op de plaats van executie liggen, waarbij het door Goddelijke genade werd verlicht met een hemels schijnsel. Iedereen kon dit zien, zowel christenen als Turken. Daarna werd het lichaam van de martelaar gekocht door een Engelse kapitein, wiens schip in Constantinopel gestationeerd was. Deze kapitein bracht de reliek naar Engeland. Wat er daarna mee gebeurd is, weten we niet. We weten enkel dat **Romanos** zijn doel had bereikt en kon rusten.

Natalia van Diveyevo

22 Februari

In dezelfde tijd dat Pelagia (30 januaria) in Diveyevo woonde, was daar nog een andere dwaas om Christus, **Natalia** Dmitrievna "Natashenka". Er is weinig over haar bekend, omdat ze vanwege haar nederigheid nooit details deelde over haar leven. Het enig wat we weten over haar leven van voordat ze naar Diveyevo kwam is dat ze afkomstig was uit een boerenfamilie uit de provincie Orenburg. Net als Pelagia had ook **Natalia** de zegen van de heilige Serafim van Sarov (2 januari) om de ascese van dwaasheid omwille van Christus op zich te nemen.

In 1848 kwam **Natalia** Dmitriyevna naar het Diveyevo-klooster met een groep pelgrims. Ze stond met onbedekt hoofd bij het koor en trok gekke gezichten. Ook duwde ze mensen rond en blies kaarsen uit. Dit gedrag was genoeg om haar uit het klooster te willen plaatsen, maar de bovengenoemde heilige Pelagia verscheen in een visioen aan een van de oudere moniale met de boodschap om **Natalia** niet aan te raken, want ze was voorbestemd om in het klooster te blijven wonen.

Naast dat **Natalia** zittend sliep, liep ze altijd blootsvoets en vermeed ze het wassen van het gezicht of het kammen van haar haren. Ook deed ze nooit haar jurk of ondergoed uit totdat ze vergaan waren of van haar afvielen.

Natalia bad voor heel het klooster, bezat tot op zekere hoogte de gave van helderziendheid en hielp mensen die haar leiding zochten. Ze sprak direct en duidelijk tot eenieder die haar raad zocht, en drong zo diep in het hart van mensen. **Natalia** liet bezoekers niet meteen binnen, maar liet ze in plaats daarvan ongeveer 10 of 15 minuten een paar stappen achteruit, dan vooruit lopen, terwijl ze een gebed reciteerde tot de Moeder Gods. Dit was om de bezoeker nederig te maken en **Natalia** de gelegenheid te geven te bidden en Gods wil over te brengen aan degene die haar bezochten.

Het was haar gehoorzaamheidstaak de bel te luiden die opriep tot de kerkdienst van middernacht en voor het onophoudelijke lezen van de Psalmen. Op een dag begon ze haar bel te luiden tijdens de Goddelijke Liturgie. De hegoumena Maria vroeg haar waarom ze deze luidde, daarop antwoorde **Natalia**:"Er is geen waarheid meer over in de wereld."

Wanneer haar bevolen werd om het zwarte habijt aan te trekken, zodat ze eruit zou zien zoals haar medezusters, antwoordde ze meestal: "Ik ben een dwaas van geboorte en onwaardig om de kleding van een moniale te dragen."

Van de vrouwelijke heilige dwazen is **Natalia** de enige die een aparte kloostergemeenschap stichtte. In 1899 werd er land op de Meliaevskaya-vlakte gekocht door mensen die haar vereerde en **Natalia** gaf opdracht tot de bouw van een kerk. De gemeenschap zou bekend worden als het Meliaevo-klooster. Deze bestond uit monialen die **Natalia** eigenhandig had geselecteerd. Ze heeft er zelf nooit gewoond, ook al was dit wel haar wens. De reden is waarschijnlijk dat de hegoumena het haar niet toestond Diveyevo te verlaten, aangezien ze haar vaak raadpleegde.

Op 22 februari 1900 is **Natalia** vredig ontslapen in de Heer, nadat ze had deelgenomen aan de Heilige Communie.

Theoktista van Voronezh

22 Februari

Op dezelfde dag herdenken we nog een heilige dwaas, namelijk **Theoktista** Mikhailovna Shulgina. Waar ze vandaan kwam weet niemand. Haar echtgenoot, die marineofficier was, overleed vroegtijdig, tijdens de Russisch-Japanse oorlog van 1904 tot 1905. Net als de heilige Xenia van St. Petersburg (24 januari), bracht dit **Theoktista** tot het besef hoe vergankelijk het leven was. De tragedie bewoog haar om de dwaasheid ter wille van Christus op zich te nemen.

Theoktista woonde in één van de cellen het Voronezjklooster. Op een dag was ze thee aan het drinken bij een van de zusters in het klooster, toen ze, geheel in stijl van heilige dwazen, plotseling opsprong en water uit een schaal uit het raam in de tuin goot. Op datzelfde moment had iemand in de buurt een brand in een schoorsteen en ze was hiermee "het vuur aan het doven".

In november 1925 werd bisschop Petros van Voronezh door de GPU (geheime politie in Sovjetregime) gearresteerd. Zijn kudde, bitter lijdend onder de scheiding van hun bisschop, deden een beroep op **Theoktista**. Ze vroegen haar "Komt vader Petros snel terug?" Hierop antwoordde ze dat hij zou komen wanneer ze vlees aten. Niet lang daarna werd hij vrijgelaten door de GPU en keerde hij terug naar zijn kudde. Dit alles geschiedde tijdens de vastenvrije week na het feest van de geboorte van Christus.

In 1931 werd het klooster waar **Theoktista** verbleef gesloten. Hierna zwierf ze door verschillende plaatsen en bracht vaak de nachten door onder de open lucht in gebed. Ze droeg armoedige kleding, en ze liep de eerste zeven jaar tijdens haar omzwervingen op blote voeten. Later trok ze grote schoenen aan, die ze bij de ruggen insneed en verkeerd om aantrok, waardoor deze tijdens het lopen haar voeten ongemakkelijk wreven en steeds van haar voeten afvielen.

Veel mensen waardeerden **Theoktista** vanwege de zuiverheid en heiligheid van leven, maar er waren ook kwaadwillende mensen die haar haatten, omdat ze haar manier van leven niet begrepen. De heilige verdroeg nederig alle laster en bespottingen die haar ten deel vielen. Ze deinsde niet terug voor slagen en bad altijd voor haar vervolgers. Hierdoor werd ze beloond met de gaven van inzicht en genezing door gebed. Wanneer er buitenstaanders bij haar waren begon ze vaak onzinnig te praten en soms vloekte ze zelfs. Echter, zodra de buitenstaanders weg waren, begon ze samenhangend te spreken en werd haar helderziende gave zichtbaar. Op deze manier vervulde ze wat er in Mattheüs 7:6 staat, oftewel wierp ze haar parels niet voor de zwijnen.

Men leidde aan haar opmerkelijke geest en verfijnde manier van hoe ze gedachten en gevoelens uitdrukten af dat ze uit een welgesteld milieu afkomstig moest zijn. **Theoktista** beweerde echter dat ze analfabeet was, hoewel ze de Latijnse letters op zilveren lepels kon lezen. Ook kende ze het gehele evangelie én de hele kerkdienst, de kerkgebeden en gezangen die zelden of eens per jaar gelezen en gezongen worden (en die zelfs niet alle priesters uit het hoofd kennen) uit haar hoofd.

Theoktista genas fysieke en spirituele wonden en hielp families die in financiële nood verkeerde. Ze waarschuwde gelovigen voor dreigende rampen, zoals de bloederige revolutie. Eens ging ze naar een bepaald huis en zei met een droevig gezicht tegen de vrouw die er woonde "Ben je helemaal alleen?" "Hoe, moeder, ben ik alleen? Straks zal Dmitry van zijn werk komen." "Nee, je bent alleen, hij is niet meer bij je." De vrouw wist niet dat haar man al gevangen was genomen en naar een concentratiekamp was gestuurd.

Met haar dwaze gedrag daagde **Theoktista** ook de autoriteiten uit. Op een keer liep ze op een groot plein met monumenten voor Stalin en Lenin, waar overal Tsjekistische bewakers (de eerste veiligheidsdienst van de Sovjet-Unie) stonden. Ze wandelde naar de monumenten en deed daar ten aanzien van iedereen haar behoefte. Zoals te verwachten werd ze onmiddellijk gegrepen en naar het hoofdkwartier van de Tsjeka gebracht. In het kantoor van de chef maakte ze een nog grotere puinhoop op zijn bureau met al zijn papieren. Kort daarna werd ze weer vrijgelaten, daar ze overtuigd waren dat ze geestelijk gestoord was. Bij een ander verhoor gedroeg **Theoktista** zich wederom zo vreemd en onfatsoenlijk dat ze alle aanwezigen in verlegenheid bracht, en de agenten haar opnieuw vrijlieten. God waakte duidelijk over Zijn heilige dwaas.

Gods bescherming strekte zich ook uit over mensen die haar aanriepen. Bij een vrouw werd door de politie een huiszoeking gedaan. Ze had een kleine hoeveelheid geld in een tas op een plank verborgen. In gedachten schreeuwde ze om hulp: "**Theoktista** Michaelovna, red me!" Degene die de zoektocht leidde, raakte de tas aan, maar zag niets. Hij verplaatste het hele serviesgoed en alle planken, maar vond het geld niet.

Theoktista hield ervan om mensen te helpen door geld, advies en voedsel. Jarenlang ging ze naar de bazaar en kocht witte broodjes die ze vervolgens uitdeelden. De bakkers nodigden haar uit, zodat ze brood van hen zou kopen. Iedereen die haar kende zei namelijk dat het geluk bracht wanneer ze brood bij hen kocht. Ook koetsiers probeerden haar in hun koets te krijgen, in de overtuiging dat het hun geluk zou brengen, zoals we ook lezen bij Xenia.

Op een dag werd haar vriendin Anisia ziek en omdat er niemand was die haar kon helpen, bereidde ze zich voor om te sterven. **Theoktista** kwam bij haar op bezoek en hoorde dat Anisia stervende was. "Ze doet alsof", antwoordde **Theoktista**. Ze liep naar Anisia toe, pakte haar bij de hand (het was duidelijk dat Anisia echt stervende was) en zei: "Aniska, sta op!" meteen stond deze op en begon een maaltijd voor hen te bereiden. Al haar ziekte was verdwenen.

Net als vele heiligen voorspelde **Theoktista** haar eigen dood. Ze kleedde zich tegen het einde van haar leven helemaal in het wit om haar Bruidegom, Christus, te ontmoeten. Ze ontsliep op woensdag 22 februari 1940 om 10 uur 's avonds. De mensen die haar erna zagen waren verbaasd over hoe mooi ze oogde. Een arts die veel doden had gezien zei: "Ik heb nog nooit zo'n dode gezien, dit zijn relieken." Voor haar sterven zei ze "Ik ga naar huis", en hoewel ze hier op aarde nergens een eigen huis had, is ze nu eindelijk thuis.

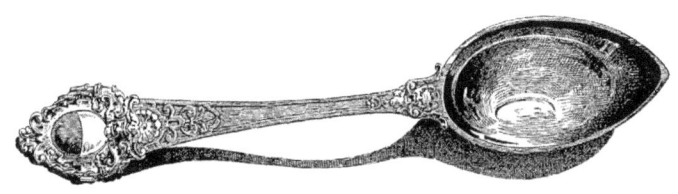

Nikolaas van Pskov

28 februari

Opnieuw een heilige dwaas van het Holenklooster in Kiev, nu de heilige **Nikolaas**. Over zijn leven is weinig bekend. Toch zijn de gebeurtenissen rondom zijn ontmoeting met tsaar Ivan IV ('de Verschrikkelijke') dusdanig uitgebreid dat we hierdoor veel over zijn karakter te weten komen.

Op 20 februari 1570 was de stad Pskov in de ban van het naderende gevaar dat tsaar Ivan de Verschrikkelijke heette. Nadat hij heel Novgorod uitgemoord had, nog steeds briesend van woede, raasde hij naar Pskov om die stad hetzelfde lot te doen ondergaan. De duizenden uitgemoorde inwoners van Novgorod illustreerden zijn beruchte bloeddorst. Deze terreur tegen het eigen volk ging de boeken in als van de grootste en gewelddadigste tragedies in de Russische geschiedenis.

Terwijl de inwoners van Pskov op de gevreesde gast wachtten, verkeerde iedereen in een onbeschrijfelijke angst, alsof ze ter dood waren veroordeeld. In deze wanhopige, trieste, sombere situatie liep echter één man in een lang wit overhemd, omgord met een touw, moedig en zorgeloos door de straten. Hij rende op blote voeten van de ene tafel naar de andere, en probeerde zijn doodsbange medeburgers aan te moedigen.

"Wees niet bang, broeders! Als koning Herodes hem niet verslindt, zal hij zichzelf laten stikken", riep deze waaghals lachend. Het was de heilige dwaas **Nikolaas.** Omstanders troostten elkaar met de woorden "als **Nikolaas** opgewekt is, dan is God barmhartig: alles zal goed gaan."

Toen Ivan eenmaal Pskov in reed boog iedereen diep voor hem met het gezicht naar de grond. De bange bewoners boden brood en zout aan (gebruikelijk als geschenk voor gasten), dat tsaar Ivan minachtend uit iemands handen sloeg. Zijn geagiteerde gezicht deed de meeste mensen nog meer beven, behalve **Nikolaas**, die vanuit de menigte aan kwam aandraven. Aandraven inderdaad, want hij hield een stok tussen beide benen alsof hij een paard bereed. Spottend noemde hij de tsaar "Ivanoesko ["kleine Ivan", zoals we hier Piet zouden verkleinen tot Pietje]. Ivanoesko, eet toch wat we je aanbieden, brood en zout, maar eet geen christelijk bloed!". Dit maakte de tsaar nog ziedender. Er klonk een bevel om de heilige dwaas te grijpen, maar God hielp hem ontsnappen door een sneeuwstorm op te laten laaien.

Hoewel hij zijn mannen had verboden om mensen te vermoorden, was tsaar Ivan nog steeds van plan de stad te plunderen. Desondanks woonde de tsaar een Moleben bij in de Heilige Drie-eenheidskerk, waar hij de relieken vereerde van prins Vsevolod (11 februari). Hij sprak ook zijn wens uit om de zegen van de heilige dwaas **Nikolaas** te ontvangen. Het klinkt wellicht ongelofelijk, zeker door de agitaties van deze heilige dwaas, maar veel tsaren hadden veel ontzag voor heilige dwazen, zelfs hij die als 'De Verschrikkelijke' zou worden herinnerd.

Bij binnenkomst in de krappe cel van **Nikolaas** zag de tsaar een stuk rauw vlees op tafel liggen. De heilige dwaas nodigde hem uit om ervan te eten. "Eet, kleine Ivan, eet!" Maar Ivan, onbewust en beledigd, brulde dat hij een christen was en tijdens de vastentijd geen vlees at. Nicholas zei toen: "Denkt Ivashka [een andere verkleinende vorm van Ivan] dat het eten van een stuk dierlijk vlees tijdens het vasten een zonde is, maar dat het eten van zoveel menselijk vlees geen zonde is?"

Furieus door deze berisping stormde Ivan de cel uit, met eenzelfde woede die hem had bewogen om Novgorod te terroriseren. De heilige **Nikolaas** volgde de tierende tsaar, waarbij hij op hem inpraatte om het moorden te stoppen en Gods heilige kerken niet te plunderen. Verder profeteerde **Nikolaas** dat wanneer de tsaar de stad Pskov verlaat, hij geen paard zou hebben om op te rijden.

"Verlaat ons, voorbijganger", gebood **Nikolaas** met strenge stem, "anders heb je niets om op weg te vluchten!"

Zoals te verwachten luisterde tsaar Ivan niet naar **Nikolaas** en hij beval zijn mannen de bel uit de kerk te verwijderen. Gelijk viel, precies zoals de heilige had voorspeld, het favoriete paard van de tsaar dood neer nadat deze was getroffen door de plotseling opgekomen bliksem.

Beangstigd door de vervulling van de voorspelling van **Nikolaas**, besloot Ivan de plunderingen te laten stoppen. Op een paard van een bediende vluchtte hij hals over kop de stad uit. Een getuigenis van één van zijn officieren, een verbaasde Duitse huurling, luidt: "Na deze waarschuwing trok de tsaar weg van de stad, alsof hij op de vlucht was voor een heel leger. Een sjofele bedelaar intimideerde en verdreef een tsaar die bevel voerde over duizenden soldaten".

Nikolaas is ontslapen in 1576, na minstens 35 jaar de ascese van dwaas te hebben bedreven. De plaatselijke verering van de heilige begon snel na zijn dood.

Ook na zijn dood bleef **Nikolaas** zijn geliefde stad redden. In 1581, toen Pskov werd belegerd door manschappen van de Poolse koning Stefanus Bathory, verscheen de Moeder Gods aan de smid Dorotheos en andere inwoners van de stad, biddend voor de stad. Zij verscheen samen met een tweetal Pskov-heiligen, waaronder de heilige **Nikolaas**. In het visioen vroegen de twee heiligen aan de Theotokos om bij Christus te bemiddelen voor het volk van Pskov. De Allerheiligste Maagd stemde in, waarop Christus de stad opnieuw bevrijdde van de ondergang.

In de kathedraal van de Heilige Drie-eenheid te Pskov worden de relieken van **Nikolaas** nog altijd vereerd, want zoals over hem gezongen wordt: "door dwaasheid te veinzen werd hij afgeschilderd als een verheerlijkte burger van het hemelse Jeruzalem. Hij veranderde ook de macht van de tsaar van toorn in genade."

Dat heilige dwazen met een compleet andere lens kunnen worden gezien, door gebrek aan onderscheidingsvermogen of inzicht, blijkt uit een verslag van een anglicaanse Engelsman die het hof van Ivan de Verschrikkelijke had bezocht:

"Ik heb zelf deze oplichter of tovenaar gezien: een zielig wezen, naakt in de winter en de zomer, hij verdraagt zowel hevige kou als hitte, voert vele vreemde daden uit dankzij de hekserij van de duivel. Hij wordt gevreesd en vereerd door iedereen, zowel prinsen als mensen."

Degene die dit citaat deelde, vraagt zich meerdere dingen af. Dat het verrassend is dat deze Engelsman wel erkent dat de heilige dwaas de stad heeft gered, maar hem tegelijkertijd als een tovenaar beschouwt. Iemand wiens wonderen door de duivel zouden zijn verricht. Hij vat het correct samen in een zin, "Alsof de duivel mensen zou redden of wetteloosheid zou blootleggen. Blijkbaar was het uiterlijk [van de heilige dwaas] voor hem belangrijker dan de inhoud."

Asenatha van Goritsky

19 April

Asenatha werd geboren in een rijke familie van landeigenaren. Haar vader Michail was raadgever aan het hof, maar hij stierf vrij jong. Hij liet zijn ontroostbare vrouw Alexandra achter met drie dochters; de 18-jarige Serafima, de 15-jarige Apollinaria, en de 12-jarige Raisa. De jongste dochter zou uiteindelijk de dwaasheid omwille van Christus op zich nemen.

Alexandra was diep getroffen door de dood van haar man. Ze voelde zich intens verdrietig, huilde veel, en vond nergens rust. Uiteindelijk, alsof Alexandra uit een diepe slaap ontwaakte, wendde ze zich met heel haar hart tot God. Ze besloot naar ware troost te zoeken bij Hem. Ze begon de kerk regelmatig te bezoeken en bad voortdurend. Voor advies ging ze naar de archimandriet van het Kirillo-Novoezersky-klooster, Feofan Sokolov, een beroemde asceet uit de negentiende eeuw, waarbij ze in tranen uitbarstte. Wat Feofan met Alexandra besprak is onbekend, maar de uitwerking was dat de moeder van drie zich in de zomer van 1816 in het Goritsky Wederopstandingsklooster vestigde, samen met haar kinderen.

De hegoumena van het klooster was destijds de beroemde oudere Mavrikiya Khodneva, die het afgezonderde klooster restaureerde en het transformeerde tot een gemeenschappelijk klooster. Onder invloed van Moeder Mavrikiya vond de gehele familie gemoedsrust binnen de muren van het klooster. De hegoumena vond in Alexandra (na haar tonsuur kreeg ze de naam Agnia) een goede assistente. Daarbij bracht ze gulle donaties mee en al haar rijkdom werd ingezet ten bate van het klooster. Boven al deze wereldlijke offers offerde zo ook haarzelf en haar drie jonge dochters aan God.

Zij waren allen opgegroeid in weelde die een rijke adellijke familie gewoon waren, toch accepteerden allen gewillig de monastieke verplichtingen en voerden deze met buitengewone ijver uit. Tijdens de bouw werkten ze samen met andere zusters van eenvoudige komaf en overtroffen hen zelfs in ijver en werkethiek.

De oudste dochter, Serafima (in het kloosterleven Arkadiya, 1792-1821) werd iconenschilder. Ze stierf echter op jonge leeftijd en heeft slechts vijf jaar in het klooster gewoond. De middelste dochter, Apollinaria (na haar tonsuur Arsenia, 1799-1863), werd hegoumena van het klooster, de opvolger van Moeder Mavrikiya. Ze besteedde veel aandacht aan het welzijn van het klooster, maar raakte ernstig verkouden en na het ambt slechts zeven jaar te hebben bekleed stierf zij.

De jongste dochter, Raisa, trad op 14-jarige leeftijd in het klooster. Ze toonde al vroeg een voorliefde voor hard werken, streng vasten en intens gebed. Vanaf de eerste dag verbaasde ze de zusters met de ijver waarmee ze haar taken vervulde. Ze schilderde iconen, zong in het koor, droeg dagelijks wel veertig emmers water naar het klooster nadat ze de steile helling van de Sheksna-oever had beklommen. Soms at ze twaalf dagen lang niets.

Na dertien jaar zag hegoumena Mavrikiya in de jonge asceet een speciale uitverkorene van God en op haar zevenentwintigste ontving Raisa de tonsuur. Hierna droeg zij de naam **Asenatha** en begon zij haar ascese als dwaas om Christus. Ze begon te rennen, draaide rond de banken in de kerk en riep: "Laten we dansen!". Dit bleek haar eerste voorspelling te zijn:

precies honderd jaar later werd het klooster gesloten* en werd er in de Drie-eenheidskerk een dansclub geopend.

In de daaropvolgende dagen gedroeg **Asenatha** zich agressief, vooral als een van de zusters vermoedde wat voor een ascese de jonge moniale op zich had genomen. Wanneer mensen na de dienst haar tegemoet kwamen, onderwijl tegen zichzelf zeggende, "daar komt de gezegende", vluchtte **Asenatha** de andere kant op en sprong in de vijver achter de kathedraal. Doorweekt kwam ze weer uit het water, waarna ze zei: "Ze zeggen 'gezegend', maar hoe gezegend ben ik?"

Deze gedragingen zorgde voor veel verdriet bij haar moeder Agnia. Zij dacht dat haar dochter daadwerkelijk gek werd. Soms was ze zo razend dat ze iemand opdroeg haar dochter op te sluiten in een cel of in de kelder. Soms gaf haar moeder opdracht om **Asenatha** aan haar hand of middel aan de muur vast te ketenen. Hier bad **Asenatha** vurig tot God en zodra ze werd vrijgelaten, hervatte ze haar oude streken.

Op een dag was Agnia zo woedend dat ze gebood **Asenatha** aan een groot blok hout in de kelder vast te ketenen. De volgende morgen zag Agnia dat het gezicht van haar dochter straalde, als dat van een engel. Op de muur stond geschreven: "Zalig zijn de armen van geest, want aan hen behoort het koninkrijk der hemelen." (Mattheüs 5:3)

Omdat haar dochter heel de nacht vastgeketend had gezeten, vroeg ze zich af waar dit opschrift vandaan kwam. Het gedrag van Agnia veranderde door dit voorval echter niet. Ze bleef haar dochter op deze manier behandelen, tot het mo-

---

* In de jaren 1920 transformeerden de bolsjewieken het klooster in een landbouwcoöperatie waar de zusters werkten. In de jaren 1930 werd het klooster gesloten en werden de meeste monialen geëxecuteerd. Het diende als opvang van invalide veteranen in de jaren 1950. Twintig jaar daarna werd het klooster tot museum omgevormd. Sinds 1990 begon een kleine gemeenschap van monialen opnieuw in het klooster te wonen.

ment dat ze getuige was van een ontmoeting tussen **Asenatha** en Gregorios de kluizenaar (1789-1836), een voormalig edelman.

Op een keer, toen de koets waarin Agnia met haar dochter zat het klooster naderde, sprong **Asenath** eruit en rende het bos in. Haar moeder wilde haar beletten om Gregorios te naderen, maar ze was te laat en zag hoe hij in zijn kluis de heilige dwaas zegende: "Welnu, zuster **Asenatha**, je hebt een groot kruis op je genomen, zul je het kunnen dragen?" Hierna liet Agnia haar dochter eindelijk met rust.

Asenatha had de gave van voorspelling: ze voorzag de dood van haar zus Apollinaria, de hegoumena, en de moord op tsaar Alexander II. Ook voorspelde ze de sluiting van het klooster in de Sovjettijd.

Op een dag kwam **Asenatha** bij een zuster, die overmand werd door onreine gedachtes, en zei tegen haar: "Jij, zuster, moet een bril opzetten, want je kunt niets zien." De zuster leek onmiddellijk helder te kunnen zien, ontwaakte uit haar zondige slaap en begon na te denken over hoe ze haar hart kon reinigen van zondige gedachten.

Eens per jaar, op haar verjaardag, verwisselde **Asenatha** van kleding en trok ze schoenen aan, op andere dagen liep ze vaak blootvoets en in lompen. Ze sliep op de kale vloer en bracht het grootste deel van de nacht door in een donkere, vochtige kelder. In haar cel bewaarde ze de portretten van haar vader, moeder, broer, zussen en de eerder genoemde Gregorios de Kluizenaar.

Het eten dat haar werd gebracht gaf ze aan de oude vrouwen en de vogels en at er zelf spaarzaam van. Voordat de vastentijd begon nam ze afscheid van iedereen en sloot ze zichzelf op in haar cel. Met Pasen ging ze naar de kerk en na de dienst begon ze zich weer als een dwaas te gedragen.

Een mooi verhaal is bewaard gebleven van hoe **Asenatha** een vrouw redde die zelfmoord wilde plegen. Deze vrouw had een slechte schoonmoeder en echtgenoot. Beide kwelden ze de ongelukkige vrouw met hard werk en lieten haar verhongeren. Na lange tijd dit leven te hebben volgehouden kwam ze uiteindelijk bij **Asenatha**, huilde bitter en vertelde over haar ellendige leven, en concludeerde: "Ik kan het niet langer verdragen, ik verdrink mezelf in de rivier!" **Asenatha** begon haar te overtuigen: "Heb nog even geduld, alles gaat voorbij..." Al snel werd de schoonmoeder ziek en stierf. Haar echtgenoot veranderde en ze begonnen vreedzaam samen te leven.

Zuster **Asenatha** ging elke dag op vaste tijden op bezoek bij Asenatha Menshutkina, om met een andere oudste die in het klooster woonde te bidden en te praten over spirituele zaken. Zij was al vanaf haar kindertijd zwak en leed verschrikkelijk, maar doorstond de ziekte met verbazingwekkend geduld en vreugde. Zuster **Asenatha** zei soms tegen de zieke vrouw: "Hoe lang duurt het nog voordat je sterft? Als jij sterft, kan ik niet meer lopen." En haar woorden kwamen precies uit. In 1877 stierf de verzwakte Asenatha Menshutkina. **Asenatha** was inmiddels het zicht verloren en haar benen waren ernstig ziek geworden.

Nadat **Asenatha** ziek was geworden stond ze toe dat mensen bij haar langs kwamen voor advies. Zowel zusters als leken kwamen bij haar, soms van ver, en velen schreven brieven. Zij bevrijdde veel zusters van de monastieke verleiding van melancholie. Wanneer iemand rouwde, praatte ze met hen en bood hen troost. Mensen die echter uit pure nieuwsgierigheid naar haar toe kwamen, hoefden niets te verwachten want daar zweeg ze tegen.

De gezegende voorspelde de dag van haar dood meerdere malen en zei: "Ik zal dan sterven, en niemand zal het zien." Voor haar dood zag ze niemand meer en zo kwam haar voorspelling uit. Op 19 april vertrok **Asenatha** naar de hemelse verblijfplaatsen, ze was 93 jaar. De zon scheen vrolijk, alsof de natuur zich verheugde samen met de engelen die de zuivere ziel van de grote ascetische en rechtvaardige vrouw aanvaardden.

Thomas van Syrië

24 april

Ergens in de zesde eeuw leefde er een monnik in Caesarea van Cappadocië (huidig Kayseri, Turkije) genaamd **Thomas**. Zijn hele leven als asceet hield echter verband met Syrië. In Emesus, het huidige Homs, was **Thomas** procurator (rentmeester) van het klooster.

In die tijd betekende een dergelijke gehoorzaamheid de noodzaak om voortdurend op zoek te gaan naar aalmoezen in de steden voor de behoeften van de broeders in het klooster. Hun bediening bracht een veel grotere verantwoordelijkheid met zich mee, omdat de kerken volgens de wet feitelijk belast waren met de zorg voor armen, zieken, wezen en weduwen. De andere kant van deze verantwoordelijkheid was vaak de aanzienlijke rijkdom die in hun handen bleef; een grote verleiding dus.

Op een dag deed **Thomas** de beroemde stad Antiochië in Syrië aan, waar hij begon aan de zware ascese van dwaasheid ter wille van Christus. Helaas hebben we geen uitgebreide verhalen zoals bij anderen, enkel wat profetische en wonderbare zaken rondom zijn leven.

De procurator van een van de kerken in Antiochië raakte geïrriteerd door de smeekbeden van **Thomas** en sloeg hem op de wang. De aanwezigen verweten de procurator zijn ongepaste manier van omgaan met de heilige dwaas, maar **Thomas** kalmeerde hen door te zeggen: "Vanaf dit moment zal ik niets meer van hem accepteren, noch zal hij mij nog iets kunnen geven." Deze woorden bleken profetisch. De procurator stierf de volgende dag, en de heilige stierf eveneens enige tijd later.

Op de route die hij bewandelde richting zijn klooster, in de kerk van de heilige Euthymius in de buitenwijk Daphne, verliet **Thomas** dit aardse leven. Het is mogelijk dat dit overlijden het gevolg is van de klap in het gezicht. Een harde klap op het gezicht van een monnik uit die tijd—ze waren allemaal extreem mager en zwak—kon immers echt de laatste zijn.

Mensen begroeven **Thomas** op een plaats die gereserveerd was voor de begrafenis van vreemden. Derhalve werd hij plotseling de anonieme 'dode vagebond', hoe hij er voor de meeste mensen uit de samenleving ongetwijfeld uit zag. Voor hen leek de bedelaarmonnik enkel op een onbekende, armzalig zwerver.

Na een tijdje begroeven ze een andere vreemdeling in het graf van de heilige. Na vier uur werd de grond op het graf van de vreemdeling echter opzij geworpen, alsof de bodem het dode lichaam uit probeerde te werpen. De grafgravers bedekten het graf opnieuw, maar 's ochtends lag de grond op het graf weer open. Zuchtend hebben ze de vreemdeling toen maar op een andere plaats begraven.

Hetzelfde gebeurde toen twee vrouwen in de buurt van **Thomas** werden begraven. Ook hun lichamen lagen buiten het graf, alsof ze waren komen bovendrijven aan de oppervlakte van de zee van zand. Iedereen besefte dat de voor hen onbekende **Thomas** niet wilde dat er een vrouw boven hem lag—gezien zijn strikte monniksgeloften van maagdelijkheid was dit geen vreemd verzoek.

Deze voorvallen werden gerapporteerd aan Patriarch Domnus van Antiochië (546-560). Op zijn bevel werden de relieken van de heilige **Thomas** overgebracht naar Antiochië. Snel daarna werden ze plechtig begraven op een begraafplaats waar de relieken van een grote menigte heilige martelaren lagen begraven. Daar rustte onder andere de beroemde oud-bisschop van Antiochië uit de eerste eeuw, de heilige Ignatius (20 december).

Het werd al snel duidelijk dat **Thomas** van God de gave ontving om mensen te genezen, via zijn levenloze lichaam. Over zijn relieken werd op een gegeven moment een kleine kerk gebouwd, waar veel gelovigen werden geholpen door zijn gebeden. Door de gebeden van de heilige **Thomas** hield er in Antiochië ook een dodelijke plaag op. Vanaf dat moment begonnen de inwoners elk jaar de nagedachtenis van de heilige te eren.

Nikolai Velimirovich schreef in de twintigste eeuw deze hymne:
*De heilige **Thomas** doet alsof hij gestoord is*
Omwille van Christus, zijn Verlosser,
En God, verheerlijkt hij in zijn hart,
De Enige, de Schepper van de wereld,
Gods naam is in zijn hart,
Wees me genadig, o goede God!
Hierdoor voedt hij zijn ziel:
Wees me genadig, o goede God!
*Heilige **Thomas** maakt zich geen zorgen*
Wat de wereld over hem zal zeggen,
Laat de wereld tekeergaan, laat ze dreigen,
Het ware oordeel zal God uitspreken.
Wie de wereld ook behaagde
Bleek fout te zijn in de ogen van God,
*En **Thomas** glimlachte*
Naar de wereld die pretendeert belangrijk te zijn.
O jij schaduw, boven het water,
Waarom pretendeer je zo belangrijk te zijn?
Alle werkelijkheid ligt in de Heer
Wanneer je jezelf als niets beschouwt,
Verheerlijk je Hem daarmee.

Isidora van Tabenna

10 Mei

Isidora wordt beschouwd als één van de eerste dwazen om Christus en leefde in de vierde eeuw na Christus. Hoewel er weinig bekend is over haar leven is zij het voorbeeld van wat de heilige Paulus in zijn brief aan de Corinthiërs schrijft: "Wie van jullie gelooft dat hij wijs is naar de maat van deze wereld, moge hij een dwaas worden, zodat hij werkelijk wijs wordt" (1 Korintiers 3:18-20). Dit ideaal wordt gedeeld door de woestijnvaders en -moeders waarvan enkelen getuige waren van haar leven en dit optekende. Wat we over **Isidora** weten is door het stuk in de Historia Lausiaca, geschreven in 419 tot 420 door Palladius van Galatië.

Het is niet bekend wanneer **Isidora** geboren is, of wanneer ze intrad in het Tabenna-klooster in Egypte, waar in die tijd circa vierhonderd monialen woonden. Het klooster was gesticht door de heilige Pachomius ergens na 325 na Christus. Voor die tijd was het traditie om als monniken en monialen als kluizenaar te leven.

Omdat zij alle vuile karweitjes in het klooster opknapte, werd **Isidora** in het klooster aangeduid als "de spons van het klooster". Hoewel ze de tonsuur ontvangen had, droeg zij niet de traditionele hoofdbedekking die door de andere zusters wel gedragen werd. In plaats daarvan droeg zij een vod op haar hoofd, door haar werk in de keuken wordt aangenomen dat het een theedoek betrof.

Isidora gedroeg zich grillig, waardoor de zusters in het klooster haar "gek" of "bezeten door demonen" noemden. Specifieke voorbeelden van haar gedrag zijn helaas niet te vinden, wel weten we dat ze met haar gedragingen de andere moniaIen van haar deec vervreemden. Hierdoor werd ze zelfs openlijk geminacht en mishandeld. Ook weigerden de zusters met haar te eten, iets wat **Isidora** naar verluid prefereerde. Geen van de zusters had haar ooit zien "kauwen" (oftewel een formele maaltijd nuttigen) in de tijd dat zij in het klooster woonde. Ze at nooit aan tafel, noch at ze een stuk brood, maar leefde van de kruimels die ze van tafel veegde en het afwaswater wat ze verkreeg door de keukenpotten te wassen. Evenmin hoorde iemand **Isidora** een onvertogen woord zeggen, en ze mopperde nooit—als ze al sprak, wat ze zelden deed. Ook niet wanneer de zusters haar ketenden, beledigden en vervloekten.

In dezelfde tijd leefde er in de woestijn een zeer gerespecteerde kluizenaar, de heilige Pitirim van Porphyrius (29 november). Op een dag, terwijl hij aan het bidden was, verscheen hem een engel die vroeg: "Waarom ben je trots op jezelf dat je religieus bent en op een plek als deze woont? Wil je een vrouw zien die religieuzer is dan jij bent? Ga naar het vrouwenklooster van Tabennesi. Daar zul je een vrouw vinden die een kroon op haar hoofd draagt. Zij is beter dan jij. Want hoewel ze met zo'n grote menigte vecht, heeft ze haar hart nooit van God laten afdwalen. Maar jij zit hier en dwaalt in je gedachtes door verschillende steden."

Nadat de engel hem verschenen was ging Pitirim op weg naar het Tabenna-klooster. Hij vroeg bij aankomst in het klooster om alle monialen te zien, maar toen hij ze allemaal ontmoet had concludeerde hij dat degene die door de engel genoemd was als een vrouw "die een kroon op haar hoofd droeg" ontbrak. Pitirim vroeg of dit werkelijk alle zusters van het klooster waren. Hierop antwoorden ze dat er nog wel eentje in de keuken werkte die mentaal ziek was, wellicht zelfs bezeten. Nadat Pitrim kenbaar had gemaakt dat hij haar wilde zien, begonnen de monialen haar te roepen, maar **Isidora** gaf geen gehoor. Hierop werd ze door de zusters vastgegrepen en vanuit de keuken naar Pitrim gesleurd.

Op het moment dat Pitrim haar zag, zag hij de lap op haar hoofd, die de vorm van een kroon had, en hij maakte een grote metanie (diepe buiging) voor haar. Hij viel vervolgens aan haar voeten en zei "Zegen mij". **Isidora** viel op dezelfde manier voor Pitrim en vroeg: "Zegent u mij, meester?" De zusters waren geschokt en zeiden verbaasd tegen hem: "Abba, verneder uzelf niet, zij is een dwaas." Pitrim legde hen streng het zwijgen op met de woorden: "Jullie zijn de dwazen! Zij is mijn en jullie Amma (zo worden spirituele Moeders genoemd, de vrouwelijke vorm van Abba) en ik bid dat ik op de Dag des Oordeels als haar gelijke word bevonden."

Nadat de monialen dit hadden gehoord vielen ze allen aan de voeten van Pitrim en bekenden hoe zij **Isidora** behandeld hadden. Een zuster bekende dat ze bordspoelingen over haar had gegoten, een ander dat ze haar met haar vuist had geslagen, nog een ander dat ze een mosterdpleister op haar neus had aangebracht. Uiteindelijk vertelde iedereen wat voor wandaden ze tegen **Isidora** hadden gepleegd. Pitrim bad toen gezamenlijk met alle monialen en vertrok richting zijn eigen kluis.

De zusters begonnen **Isidora** hierna anders te behandelen. Ze bleven haar om vergiffenis vragen en begonnen haar zelfs te vereren. Er begon daarnaast een stroom bezoekers op gang te komen van gelovigen die haar wilden zien. **Isidora** voelde dat daardoor de zin van haar leven haar ontglipte en zij ontvluchtte de aandacht en het klooster rond 365. Verder is er niets meer van haar vernomen.

Isidora veinsde haar waanzin en "bezetenheid". De toewijding aan haar geloof bracht haar ertoe om naar buiten toe te handelen als een gekwelde persoon (haar ware bedoelingen voor zichzelf te houden), terwijl innerlijk haar lijden omwille van het zijn van een "dwaas" een daad van aanbidding was. Hierdoor werd zij een voorbeeld voor vele anderen dwazen.

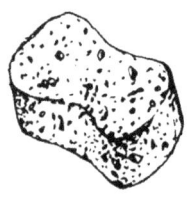

Johannes van Oestjoeg

29 mei

Aan de rivier de Joeg ligt de stad Oestjoeg, waar meerdere heiligen hebben gewoond. Hier vinden we ook de heilige dwaas **Johannes**. Oorspronkelijk kwam hij echter uit het nabij gelegen dorpje Pukhovo. Daar werd hij geboren in een gezin met vrome ouders. Beide waren op late leeftijd en hadden lang gebeden om een kind. Waarschijnlijk vormt dit meteen de reden dat **Johannes** al van jongs af aan een streng ascetisch leven liet zien, waarbij hij vooral uitblonk in vasten. Op woensdag en vrijdag at hij helemaal niets, op andere dagen enkel brood.

Later verhuisde het gezin naar Orlets, waar zijn moeder weduwe werd. Ze trad in het Heilige Drie-eenheidsklooster van Orlets, waar ze de naam Natalia kreeg. De jonge **Johannes** mocht bij haar blijven wonen, aangezien hij nog een kind was. Hier zette hij zijn strikte vasten voort, en begon zich steeds meer toe te leggen op de zalige zwijgzaamheid.

Kleine jongens worden groot, en het werd op een dag tijd om het klooster te verlaten. Na afscheid te hebben genomen van zijn moeder liet **Johannes** zijn leven in Orlets achter zich en trok naar de stad Oestjoeg. Vervolgens begon hij daar aan de veel moeizamere reis richting de harde ascese van dwaas om Christus.

In Oestjoeg woonde de heilige **Johannes** in een armzalig hutje dat de vrome Andrej Misjnev voor hem had gebouwd.

Overdag doorkruiste hij de stad op zijn blote voeten om het volk tot bezinning op te wekken, en het kwaad te veroordelen. Gehuld in enkel een lang shirt dat om zijn middel gegord zat zwierf hij lange tijd rond, waarbij hij af en toe uitrustte op een mesthoop. Ook dit lezen we vaker, de veel later levende Gabriël van Tbilisi (2 november) stond bijvoorbeeld graag op een berg afval om zichzelf te vernederen.

Inmiddels bekend met het fenomeen dwaas om Christus, mag het niet meer verbazen dat ook **Johannes** het mikpunt van spot en mishandeling werd. Tijdens de nachtelijke gebeden bad de heilige dwaas iedere nacht voor de redding van zijn kwelgeesten.

Gedurende dit turbulente leven kreeg de heilige **Johannes** de gave van wonderen. Er wordt helaas verder weinig uitgeweid hierover. We hebben slechts twee voorbeelden van zijn wonderdoende werken.

De ene anekdote is die van een priester die **Johannes** besloot te volgen 's nachts, nieuwsgierig wat de vreemde jongen onder het maanlicht uitspookte. Tot grote schrik zag de priester hoe **Johannes** zich neervlijde op gloeiende kolen, na te hebben gebeden tot de Heer. Met vaderlijke bezorgdheid stormde de priester binnen om **Johannes** te redden. De dwaas schrok van de zoete inval, stond op alsof er niets aan de hand was, en gebood de priester om niemand te vertellen wat hij had gezien zolang **Johannes** leefde.

De tweede anekdote vertelt over prinses Maria die hevig ziek werd. Bedienden werden eropuit gestuurd om de heilige dwaas te vinden. Eindelijk vonden ze hem, zoals wel vaker lag hij op een mesthoop. Het enige wat hij schreeuwde was echter: "en hoe gaat het met prins Theorodos en zijn vrouw Maria?". Bij thuiskomst bleek de prinses kerngezond.

Slechts achttien jaar jong was **Johannes** toen hij op 29 mei 1494 dit aardse bestaan verliet. Plechtig werd hij begraven nabij de Dormition-kathedraal in de stad Oestjoeg. Later werd er over zijn relieken een aan hem gewijde kerk gebouwd. Zoals zoveel kerken is ook deze later verwoest. In 2022 is er echter een initiatief gestart om opnieuw een kerkje te bouwen.

Het leven en de werken van de heilige **Johannes** van Oestjoeg werd in 1554 geschreven, gebaseerd op de herinneringen van mensen die hem hadden gekend. De heilige asceet stond na zijn dood bekend als bemiddelaar tijdens de invasies van vijanden, en als genezer van mensen die aan verschillende kwalen leden.

Johannes van Moskou

3 juli

Ook al is hij bekend geworden in Moskou, werd de heilige **Johannes** geboren aan de rand van Vologda, ergens in de eerste helft van de zestiende eeuw. In zijn jeugd was hij waterdrager bij een zoutwinnerij, waar hij ondanks het zware werk strenge ascese bedreef van vasten en gebed.

Later verhuisde **Johannes** naar Rostov, waar hij na een ontmoeting met de heilige kluizenaar Irenarh (13 januari) de ascese van dwaas om Christus begon uit te oefenen. Hij droeg kettingen met zware ijzeren kruizen, en op zijn hoofd zat een zware ijzeren kap. Om die reden werd hij "Grote Kap Ivan" genoemd [Ivan is de Russische vorm van Johannes].

Het gebeurde vaak dat de **Johannes** de straat op ging tussen de mensen. Dan zette hij zijn kap op de grond en ging erop staan, waarna hij lange tijd naar de zon keek en bad. Voorbijgangers lachten hem uit en beledigden hem, maar de heilige verdroeg de spot met zachtmoedigheid en geduld.

Op een zeker moment verhuisde **Johannes** opnieuw, ditmaal naar Moskou. Daar vervolgde hij zijn opzienbarende ascese—of *podvig* zoals de Russen het noemen—als dwaas, waarbij hij zelfs bij de strengste vorst blootsvoets en bijna naakt door de straten zwierf.

De heilige dwaas bezat de gave van genezing en voorspelde grote tegenslagen voor Rusland. Rond het jaar 1580 bezocht **Johannes** de heilige kluizenaar Irenarch van Rostov, ook bekend om zijn ijzeren kettingen, en voorspelde hem de komende ramp voor Rusland: "In Moskou zullen veel zichtbare en onzichtbare vijanden zijn." Daarmee verwees **Johannes** naar wat de geschiedenis zou ingaan als de 'Tijd van Problemen' (1598-1613).

Over de inval van Polen zei hij: "God zal toestaan mensen van oost tot west te onderwijzen, de aarde met discipelen te vullen, mensen weg te leiden van dronkenschap. Voor wetteloze dronkenschap en losbandigheid zal de Heer God buitenlanders naar het Russische land sturen... Maar de Heilige Drie-eenheid zal hen met Zijn macht verdrijven."

Johannes bracht de laatste jaren van zijn leven door in Moskou. Hij liep met los haar, bijna naakt, zelfs in hevige vorst. Zijn gedrag was een uitdaging voor wereldse zelfgenoegzaamheid, zijn daden en soms mysterieuze woorden zinspeelden op geheimen uit iemands leven. Vaak richtte **Johannes** zich tot de machtigen van deze wereld met openhartige of beschuldigende woorden. Zelfs koningen kenden hem en verdroegen van hem wat ze van een ander niet zouden hebben verdragen.

In die tijd stonden er allerlei zelfbenoemde troonopvolgers op, die tsaar Boris Godoenov wilden verdrijven, claimend dat ze de tsarevitsj Dimitri waren, oftewel de zoon van tsaar Ivan de Verschrikkelijke. Weliswaar was deze Dimitri de wettige troonopvolger, maar hij werd als kind vermoord in Oeglitsj. Het verhaal was een epileptische aanval terwijl hij met een mes speelde, anderen spreken over een moordaanslag, omdat dit Boris Godoenov wel erg goed uitkwam.

De Polen profiteerden van deze staat van verwarring en vielen Moskou binnen, waarbij ze hun eigen marionet, de "valse Dimitri", aanstelden om als tsaar te regeren. Hun uiteindelijke doel was om Rusland tot een deel van Polen te maken en de Russisch—Orthodoxe Kerk te dwingen zich aan de Romeinse paus te onderwerpen. Zoals je leest hadden ze toen net als nu allerhande politiek gekonkel.

Terug naar **Johannes**, welke altijd de waarheid tegen iedereen sprak, ongeacht de positie die zij bekleedden, inclusief tsaar Boris Godoenov. Tegen hem herhaalde **Johannes** vaak de woorden: "Jij, met je slimme hoofd in de lucht, kijk eens naar Gods zaken. God heeft in de eerste plaats veel geduld, maar als Hij slaat, doet het echt pijn." Met de politieke spelletjes die hierboven staan beschreven, kunnen we wel raden wat hiermee bedoeld werd.

Johannes' gebed was zeer krachtig en er vonden meerdere genezingen plaats tijdens zijn gebeden. Op een dag liep er bijvoorbeeld een kreupele man langs de kerk toen **Johannes** naar buiten kwam. De heilige dwaas stapte 'per ongeluk' op de tenen van de man waarna zijn benen weer gezond werden.

Voor zijn dood op 3 juli 1589 wees **Johannes** voor zichzelf een graf aan bij aartspriester Demetrius. Nadat hij zich op de dood had voorbereid, verwijderde hij de kettingen en begoot zichzelf driemaal met water. De heilige beval dat de begrafenis niet eerder dan op de derde dag mocht plaatsvinden. Toen ging hij op de bank liggen, vroeg iedereen om vergeving. Daarna ontsliep **Johannes** op 3 juli 1589.

Bij decreet van de tsaar werd de plechtige begrafenis van de **Johannes** uitgevoerd. De begrafenis zelf vond echter niet plaats op de door de gezegende aangegeven dag, maar iets eerder. De Heer liet een sterke onweersbui met bliksem los als straf, zodat sommige iconen verschroeid werden en zelfs verschillende geestelijken en leken gewond raakten.

Tijdens zijn begrafenis werd een man genezen die aan een oogziekte had geleden. Ook later ontvingen veel zieke mensen genezing door de gebeden van **Johannes**. De heilige verscheen ook aan de zieken die ver van Moskou leefden, en zij herstelden.

Zijn ongeschonden relieken werden in 1672 ontdekt. Daarom werd de kapel waarbij **Johannes** lag begraven op 17 januari 1916 omgedoopt ter ere van zijn naam, met daarbij "Heilige Dwaas, de Moskouse Wonderwerker".

Prokopios van Oestjoeg

8 juli

Opnieuw reizen we naar Oestjoeg, ditmaal voor de heilige **Prokopios**. Volgens sommige bronnen heette hij Jacob Potharst en kwam hij uit Lübeck. Hij was in ieder geval een Duits koopman die gedwongen werd zijn huis te verlaten, met al zijn rijkdommen.

Vanwege zijn latere zaken in Novgorod kwam de Rooms-katholieke handelaar diep onder de indruk van de Orthodoxie. Hij verdeelde zijn vermogen onder de armen en trad in het klooster van de heilige Warlaam Chutinsky (6 november).

Deze ommekeer was **Prokopios** echter nog niet radicaal genoeg, hij wilde letterlijk leven volgens het Evangelie. Daarom verliet hij de geborgenheid van het klooster, trok naar het onbekende Oestjoeg en koos ervoor de beproeving van dwaasheid om Christus te omarmen, om daarmee de grootst mogelijke nederigheid te bereiken. Zo werd hij een van de eerste heilige dwazen in Rusland.

Om deze moeilijke prestatie te volbrengen, heeft **Prokopios** vele beproevingen moeten doorstaan. Met drie houten stokken in de hand liep hij het gehele jaar op blote voeten en schamel gekleed. Hij sliep in kerkportalen of gewoon op de grond.

De heilige nam aalmoezen aan van meelevende eenvoudige mensen, maar hij heeft nooit enige liefdadigheid aanvaard van rijke mensen van wie hij dacht of wist dat ze hun bezittingen op onrechtvaardige manieren hadden verkregen. Van het geld en eten wat men hem gaf behield hij het uiterst noodzakelijkst, de rest deelde **Prokopios** uit onder zijn lotgenoten.

Op een ijskoude dag zocht **Prokopios** een schuilplaats, maar niemand liet hem binnen. Vervolgens wilde hij zich opwarmen door naast een paar honden te gaan liggen die wegrenden. Het leek erop dat **Prokopios** dood zou vriezen. Totdat hij plotseling een golf van hemelse warmte voelde en de aanraking van een engel op zijn gezicht. Dat gaf de heilige dwaas warmte en kracht. Hij vertelde dit wonder aan ene Simeon, een geestelijke uit de kathedraal, en vroeg hem er vóór zijn dood aan niemand over te vertellen.

God schonk de gave van helderziendheid aan Zijn dwaas voor diens lijden en godsdienstige prestaties. Zo boog **Prokopios** zich eens voor een 3-jarig meisje en zei tegen haar ouders: "Hier is de moeder van een grote heilige". Hoewel onwaarschijnlijk klinkend, werd het meisje inderdaad later de moeder van een heilige, namelijk hiërarch Stefanus van Perm (26 april).

In 1290 trok **Prokopios** een week lang door de stad en riep de burgers om zich te bekeren en tot God te bidden, ter verlossing van "het lot van Sodom en Gomorra". Niemand geloofde hem, totdat er plotseling een donkere wolk aan de hemel verscheen, die steeds groter werd en de dag in nacht veranderde. Het voorgevoel van de dag des oordeels overweldigde de mensen. Een vreselijke storm met bliksem en donder deed de muren van de gebouwen schudden. Het was zo luid dat mensen elkaar niet meer konden verstaan, waarop ze zich haastten naar de kathedraal waar **Prokopios** al aan het bidden was voor de icoon van de Moeder Gods.

Daar was iedereen getuige van een wonder: mirre begon uit de icoon te stromen als teken van genade die de Theotokos aan de stad had verleend. De mirre vloeide zo overvloedig dat mensen de vaten van de kathedraal konden vullen. Er werden mensen gezalfd en zij werden genezen van verschillende ziekten. De verstikkende lucht werd hierop fris en de zon verscheen aan de hemel.

Nabij Oestjoeg spuwden donkere wolken op een andere dag zoveel hagel en bliksem dat een eeuwenoud bos werd verwoest, zonder dat mensen of vee gewond raakten. Om dit wonder werd de feestdag van de Oestjoeg-icoon van de Theotokos ingesteld.

Prokopios is ontslapen in 1303 op hoge leeftijd, nabij de poort van het Archangelsk-klooster. Er zijn vele wonderen waargenomen boven zijn graf, en er bestaan verslagen van zijn verschijningen.

Arkadios van Vyazma

11 juli

Ergens aan het begin van de elfde eeuw werd **Arkadios** geboren, in een gezin van vrome ouders. De exacte datum is onbekend, al wordt er wel in een stukje over zijn tienerjaren gesproken over "decennia na de bekering van Rusland". Dat gebeurde in 988, door Vladimir I, prins van Novgorod en grootvorst van Kiev.

Het gezin woonde in de stad Vyazma, een eeuwenoude Russische stad tussen Moskou en Smolensk. Zijn ouders brachten hem bij hoe godvruchtig te leven, dus van kinds af aan werd **Arkadios** geleerd over gebed en gehoorzaamheid. De levensverhalen van de Griekse dwazen om Christus, die in die tijd in het Russisch waren vertaald, maakten zulk een diepe indruk op hem dat hij hen meer letterlijk wilde navolgen.

De zachtaardige, opmerkzame, verstandige jongen begon om die reden rond te zwerven. **Arkadios** sliep waar hij zich toevallig bevond, in het bos, maar ook op straat of in een portiek van de kerk. Hij werd—zoals traditie bij heilige dwazen—nagejouwd en soms mishandeld door kinderen, geminacht door de ouderen, als aanhanger van dat nieuwe en uitheemse christelijke geloof.

In zijn optreden had **Arkadios** de pure eenvoud van een kind, een onverstoorbare vriendelijkheid, en een volkomen verwaarlozen van eigenbelang. Voor wie werkelijk naar hem keken bezat hij een stralend gelaat als van een engel, vooral wanneer hij in diep gebed verzonken was. Men begon op een positieve manier acht op hem te slaan, want het was duidelijk dat hij niet gek was. Er werd ontdekt hoe hij buiten de stad een lievelingsplek had, een grote steen op de top van een heuvel in het woud, waar hij nachtenlang stond, in verrukking opkijkend naar de stralende sterrenhemel.

Bij de grote feesten, wanneer een processie buiten de kerk gehouden werd, was **Arkadios** al dagen tevoren bezig met het vegen en schoonmaken van de straten die van de kathedraal naar de betreffende kerk leidden. Medelijdende zielen gaven hem wat te eten, want het voorbeeld van twee der eerste martelaren, Boris en Gleb (24 juli), begon invloed uit te oefenen op het nog pril-christelijke volk. Hun tragische einde deed de harten van het daarvoor heidense volk danig verzachten.

De gezegende rust die **Arkadios** uitstraalde en zijn verbondenheid met de natuur, verleenden hem een merkwaardig spiritueel aspect. Er heerste in hem een heilige afstandelijkheid ten opzichte van wereldse zaken, zodat dingen als ijdelheid geen grip op hem kregen. Wanneer de jongen in de kerk verzonken was in gebed, huilde hij vaak tranen van tederheid en geestelijke vreugde. Hoewel hij zelden sprak, was zijn advies altijd deugdelijk en kwamen zijn voorspellingen uit—een gave die we bij veel dwazen opmerken.

Een ervaren godsdienstige gids, de heilige Efraïm de Wonderdoener van Novy Torg (28 januari), hielp de jonge asceet allerlei spirituele gevaren te vermijden. Onderwijl had **Arkadios** de moeilijke en ongewone ascese van dwaasheid omarmd. Voor toen een nieuw fenomeen in Rusland. In deze tijd waren de mensen van Vyazma getuige van verschillende wonderen, op gebed van de heilige dwaas. Wat vaker gebeurt, gebeurde ook hier; **Arkadios** ontvluchtte de menselijke roem en reisde langs de bovenste rivier de Tvertsa. Hier stichtte hij samen met Efraïm een kerk en klooster, ter ere van de eerder genoemde martelaren Boris en Gleb.

Toen **Arkadios** het nieuw gebouwde klooster binnentrad, werd hij monnik en nam hij de taak op zich van volledige gehoorzaamheid aan zijn geestelijke vader, de heilige Efraïm. **Arkadios** heeft daarna de liturgie nooit gemist en hij was altijd de eerste die samen met zijn spirituele gids voor de Metten verscheen. Efraïm stierf hoogbejaard in 1053. In 1077 is de heilige **Arkadios** in vrede heengegaan. Hij werd naast zijn spirituele vader Efraïm begraven. Zijn relieken liggen nu in een stenen crypte van de Boris en Gleb kerk in Novy Torg (huidig Torzhok).

Eufrosyne van Kolyupanovo

16 juli

Aangezien de heilige zelf weinig over haar eigen leven verteld heeft, is veel van wat er bekend is gebaseerd op de woorden van tijdgenoten. **Eufrosyne** werd rond 1758 geboren in de familie van prins Gregory Ivanovich Ivanovitsj Vyazemsky en kreeg de naam Eudokia.* In 1764, toen ze zes oud was, werd ze naar het pas geopende Instituut voor Edele Maagden in het Smolny-klooster te Sint-Petersburg gestuurd. Dit was een besloten onderwijsinstelling voor adellijke meisjes die les kregen in rekenen, geschiedenis, aardrijkskunde, natuurkunde, Frans en schone kunsten. De 18-jarige Eudokia werd in 1776 hofdame aan het hof van Catharina de Grote. Een van haar taken was om de keizerin, wanneer zij zich verveelde, te vermaken. Dit wereldse leven, gevuld met vermaak compleet met ballen [in de betekenis van formele danspartijen], vuurwerk en romantische avonturen kon haar hart niet bekoren.

....

*   Er lijkt een link tussen de namen Eudokia en Eufrosyne, of anders een toevallige connectie met andere adelen. Er was een Byzantijnse prinses Eudokia waarvan de moeder Eufrosyne heette, en twee Russische prinsessen genaamd Eudokia en Eufrosyne. Een Servische prinses kreeg eveneens de naam Eufrosyne in het klooster. Wellicht is het een eerbetoon aan de eveneens Russische Prinses Eudokia van Moskou (7 juli), die later het klooster intrad als Eufrosyne.

Op een dag leek het alsof Eudokia uit een droom ontwaakte en bekeek ze alles om zicht heen met nieuwe ogen. Ze zag dat de gezichten van de mensen om haar heen verwrongen waren. Ook de onnatuurlijke poses van de dansende figuren en de glinsterende stenen op halfnaakte lichamen vielen haar op. Dit bracht haar tot het diepe besef over de ware prijs van dit luxe vergankelijke leven. Ze besefte dat de rijkdom hier klatergoud was, maar ze zag ook in wat daadwerkelijk waardevol was. Het luxe hofleven begon haar te beknellen en voelde steeds meer aan als een last. Ze begon weer te verlangen naar een sinds haar kindertijd gekoesterde droom, namelijk om zich te wijden aan de dienst van God.

Ze was niet de enige aan het hof die zich zo voelde. Barbara Joerievna, dochter van prins Joeri Vladimirovitsj Dolgoroeki, en Ekaterina Grigorievna, de vrouw van prins Vyazemsky, brandden ook van liefde voor de Hemelse Bruidegom. De drie hofdames kwamen tegelijkertijd overeen de wereld te verlaten en de rest van hun leven te wijden aan God en in ascese door te brengen.

Op een dag, niemand herinnert zich de exacte datum, terwijl ze aan het hof verbleven in Tsarskoje Selo (waar de keizerlijke paleizen zijn gevestigd, omgeven door enorme tuinen), lieten ze hun kleren achter aan de oever van een grote en diepe vijver. Ze wilden op deze manier iedereen ervan overtuigen dat ze tijdens het baden waren verdronken. Hiermee hoopte ze elke herinnering aan zichzelf uit het geheugen te wissen.

Gekleed in arme lompen gingen ze op reis, waarbij ze uit eigen beweging de wereld met al haar zegeningen verachtten en vrijwillige armoede en dwaasheid aanvaardden. Het afwenden van dit luxe leven en in plaats daarvan het leven in armoede te omarmen zal in de ogen van wereldse mensen volkomen dwaas lijken. De overtuiging van de meerderheid in de wereld is om comfortabel en in rijkdom te leven en zoveel mogelijk genot te ervaren. Mensen zoals Eudokia wenden zich af van deze aardse zegeningen en leven niet om de wereld voor zich te winnen. Ze hebben de wereld niet nodig, maar de wereld heeft hen juist nodig.

Meer dan tien jaar lang zwierf de toekomstige **Eufrosyne** langs verschillende kloosters. Een tijd lang woonde ze in een klooster op een erf van een boerderij en melkte koeien. In een ander klooster werkte ze in de prosfora-bakkerij.

In 1806, op ongeveer 48-jarige leeftijd, toen haar fysieke krachten afnamen, ging Eudokia naar Moskou, waar ze schriftelijke de zegen van Metropoliet Platon ontving voor haar dwaasheid onder de naam '**Eufrosyne**'. Hij stuurde haar naar het Serpoechovski Vvedenski Vladytsjny-klooster met een brief waarin hij de hegoumena informeerde over de adellijke afkomst van **Eufrosyne**. De hegoumena accepteerde de nieuwe zuster genadig en plaatste haar in het zusterhuis. Het is waarschijnlijk dat Eudokia bij intreding van dit klooster werd getonsureerd met de naam **Eufrosyne**.

Al snel verhuisde ze vanuit het klooster, op zoek naar de eenzaamheid, en vestigde zich in een kleine hut. Hier worstelde ze bijna veertig jaar lang volkomen alleen, blootgesteld aan spot, beledigingen, ontbering en mishandelingen van anderen—die ze zoals alle heilige dwazen met diepe christelijke nederigheid verdroeg. **Eufrosyne** ging niet naar de gemeenschappelijke maaltijd, maar nam alleen wat brood en kvas* uit de keuken van het klooster. Ook dronk zo af en toe thee.

Ze sliep op de kale vloer, slechts twee uur per nacht, naast haar drie honden, want ze zei dat ze zelf lager was dan een hond. Naast honden had ze kippen, kalkoenen, en twee katten in haar cel. Ze praatte tegen haar huisdieren alsof het mensen waren.

Er was ook een raaf die haar vaak op kwam zoeken en **Eufrosyne** gaf deze te eten. Op een dag gooide iemand een brandend bosje stro door een raam wat open stond, waardoor er brand in haar cel uitbrak. Tijdens het blussen liep ze ernstige brandwon-

---

* Kvas is een drankje dat wordt gemaakt van water, roggemeel en mout, dat een gistingsproces doormaakt. Voor de bereiding van zelfgemaakte kvas wordt vaak zwart roggebrood gebruikt dat g ebakken wordt, en dat men in water laat fermenteren met gist en suiker, honing of fruit.

den op waardoor ze zes weken roerloos en zonder enige verzorging op de grond lag. De enige hulp die ze kreeg was van haar trouwe vriend, de raaf. Deze bracht haar eten (besjes en stukken brood) en drinken en stopte het in haar mond.

Eufrosyne maakte de cel nooit schoon en de vloer lag bezaaid met resten van dierenvoer. Er stond een kleine trog op de vloer en wanneer het tijd was om de dieren te voeren, liep **Eufrosyne** naar de trog klopte er met een stok op. Binnen een minuut rende de katten en honden naar de trog. De oude vrouw zei dan liefdevol: "Eet, eet, mijn lievelingen!"

Je kunt je voorstellen dat haar cel behoorlijk stonk, maar ook dit was een bewuste keuze. Op een keer vroeg een hegoumena uit Moskou haar: "Moeder, waarom houdt u dieren? Het stinkt vreselijk in uw hut!" waarop **Eufrosyne** lachend antwoordde: "Het is in plaats van de parfum die ik zo vaak aan het hof gebruikte."

Mensen wilden graag iets van haar spirituele leven zien, maar dit was onmogelijk. Zodra er iemand de deur van haar kamer naderde, begonnen de honden te blaffen en zagen de mensen enkel een snurkende **Eufrosyne** diep in slaap. Wanneer de heilige bezoek ontving, begon ze gelijk verwijten en klachten te uiten, dat 'haar sloten kapot waren en dat alles was gestolen'. Ze stelde dat alle nieuwsgierige mensen die haar kwamen bespieden haar als het ware van haar spirituele werk beroofden.

In de winter verwarmde ze haar cel nauwelijks, maar wanneer het in de zomer heet was, dan stookte ze de temperatuur in haar cel op. Eudokia Ivanovna herinnert zich dat **Eufrosyne** bij regenachtig en koud weer op blote voeten liep, nauwelijks bedekt met wat kleren, en op goede heldere en warme dagen kleedde ze zich heel warm en zei dat alles koud voor haar was.

Eufrosyne droeg zware ijzeren kettingen om haar nek met een groot koperen kruis onder een hemd van dikke, ongevilte stof ('haren hemd') met daarover een versleten kamerjas, en in de winter een mannenjas van schapenvacht. Tijdens kerkelijke feesten droeg ze een kaftan van hand gesponnen stof. Met haar toestemming werd haar portret geschilderd terwijl ze de kaftan droeg.

Ze liep zoals gezegd altijd op blote voeten en ze had altijd een kort geknipt kapsel, in de winter schoor ze zelfs haar hoofd kaal.

Ze bad onophoudelijk en had de gewoonte in de kapel naast het klooster te bidden en verwelkte bloemen bij de iconen weg te halen. De kerkdiensten bezocht ze in de kathedraal. **Eufrosyne** biechtte haar zonden op aan de biechtvader van het klooster en ze ontving de communie slechts één keer per jaar, op Witte Donderdag in haar cel. Dit was de enige dag waarop haar geliefde dieren uit haar huis gezet werden.

Op het feest van de Theofanie liep ze mee in de kruisprocessie van de Serpoechovkathedraal naar de Nara en dompelde zich gekleed onder in de "Jordaan" (Een speciaal gemaakt wak in de bevroren rivier waar mensen tijdens het feest van Theofanie worden gedoopt of zichzelf onderdompelden in het water), terwijl ze anderen toeriep: "Kom op, jongens, het is een warm bad! Ga je wassen!" Eenmaal uit het water, bevroren haar kleren onmiddellijk en op blote voeten liep ze naar haar cel terug.

Eufrosyne verliet haar cel meestal met een stok in haar hand, en had 's nachts de gewoonte om rond het klooster te lopen terwijl ze psalmen zong. Overdag verzamelde ze paddenstoelen, kruiden en bloemen in het kloosterbos.

Voor haar nederigheid en onophoudelijke gebed schonk de Heer haar de gave van profetie.

Op een dag stond ze met tranen in haar ogen te bidden, waarop een familie naar haar toe kwam en vroeg waarom ze zo bitter aan het wenen was. Daarop antwoordde ze: "Hoe kan ik niet huilen! Bid met tranen, moge de Heer God Rusland genadig zijn. Immers, een Turk, een Engelsman en ook de keizer van de Fransen zullen zich tegen Rusland wenden!"

De familie, die onderling had besproken wat **Eufrosyne** had gezegd, kwam tot de conclusie dat ze haar verstand had verloren.

Er was immers geen keizer der Fransen, er zat een koning op de troon.

Later werd het duidelijk dat zij de Franse Revolutie van 1848, die een einde maakte aan het bewind van koning Lodewijk Filips, en de restauratie van het keizerrijk door Napoleon III (1852) had voorspeld. Verder voorzag ze de Krimoorlog (1853-1856) en de verdediging van Sebastopol (1854-1855). Daarnaast voorspelde ze veel gebeurtenissen uit het persoonlijke leven van mensen die naar haar toe kwamen.

Ook bezat de gezegende, door Gods genade, de gave van genezing. Dit trok mensen aan die genezing, troost of goed advies nodig hadden. De zieke mensen die naar **Eufrosyne** toekwamen gaf ze de kruiden die ze in het kloosterbos had verzameld en zei: "Drink en wees gezond!" De zieken die het water met geloof namen ontvingen genezing.

Zo streng als dat ze voor zich zelf was, zo mild was ze naar anderen toe. Het menselijke verdriet, lijden en alle ontberingen lieten haar niet onberoerd. Wanneer mensen grote tegenspoed hadden, haastte ze zich altijd om de ongelukkigen in gebed te helpen.

Op een keer was er een verschrikkelijke droogte in Serpoechov en omgeving. Het gras was verbrand, de aarde gescheurd. Mensen waren uitgeput van de hitte en dieren stierven van de honger. Op één van deze hete dagen kwam **Eufrosyne** naar de hegoumena en zei: "Waarom ben je zo lui? Roep onmiddellijk de priester! Laten we naar het veld gaan om te bidden!" De hegoumena gehoorzaamde, en onmiddellijk na de gebedsdienst viel er een zware regenbui neer, waardoor de grond vochtig werd.

Tijdens de Vaderlandse Oorlog, toen Napoleons leger Moskou naderde en Franse troepen halt hielden bij het klooster van Vladychny, begonnen de Franse officieren, die een vreemd geklede vrouw zagen, haar te bespotten. Haar reactie op hun beledigingen bracht hen volledig van hun stuk. Ze wees ze namelijk in perfect Frans terecht. Volledig overdonderd door het spervuur in hun eigen taal, verontschuldigden ze zich en vertrokken.

In 1845 zaaide de grote tegenstander vijandschap in het hart van de nieuwe hegoumena tegen de heilige en dwong haar op hoge leeftijd te verhuizen. Het enige dat **Eufrosyne** meenam uit het klooster was een icoon van Jezus Christus.

Er was een plaatselijke landeigenares in Kolyupanovo, die de heilige een warm hart toedroeg. Zij bouwde een apart huis voor **Eufrosyne** en plantte er bomen omheen. Om deze reden werd ze bekend als **Eufrosyne** van Kolyupanovo. De gezegende dreef er een koe in (die andere mensen haar hadden geschonken), en ze koos voor zichzelf een klein kamertje in een bijgebouw, waar ze, net als in het klooster, dieren hield. In dit krappe kamertje kropen de kippen, kalkoenen met kuikens, katten met kittens en twee honden dicht tegen haar aan. Daarom heerste in deze ruimte een vreselijke, ondraaglijke benauwdheid. Hier bracht ze desalniettemin de laatste tien jaar van haar leven door.

De mensen bleven haar ook hier van heinde en ver bezoeken. Ze vroegen haar om gebeden en bedankten haar voor genezingen. Om de menselijke roem te ontlopen, liep **Eufrosyne** vaak anderhalve kilometer van Kolyupanovo naar een diep ravijn aan de oevers van de Oka, waar ze ongestoord tot haar Heer kon bidden.

Een beekje, bekend als de Prosjenka, stroomde in de bodem van het ravijn. In 1840, toen **Eufrosyne** 90 jaar oud was, groef ze daar eigenhandig een kleine put. Wanneer zieken zich tot haar wendden voor hulp, zei ze: "Schep water uit mijn put, en je zult weer gezond worden."

In 1848 woedde er overal cholera, die dagelijks vele levens eiste, behalve in de parochie van het dorp Kolyupanovo. Daar was het sterftecijfer (zoals blijkt uit de registers in het kerkarchief) dankzij de gebeden van de zalige oudere **Eufrosyne** zelfs lager dan in voorgaande en daarop volgende jaren.

In gesprekken met haar biechtvader, hiëromonnik Pavlin (Prosperov), voorspelde de ouderling dat er in de toekomst een klooster in Kolyupanovo zou verschijnen. Inderdaad kwamen haar woorden eind twintigste eeuw uit.

Drie weken voor haar dood had **Eufrosyne** een visioen van twee engelen in witte gewaden die uit de kerk kwamen en haar toeriepen: "Euphrosynyushka [liefkozende vorm van de naam **Eufrosyne**], het is tijd dat je ons volgt!". Het nieuws dat de ouderling haar dood had voorspeld, verspreidde zich snel door de omgeving. De lokale bevolking begon naar haar toe te komen om afscheid te nemen en haar zegen te ontvangen. Ze gaf aan velen mensen kruizen, iconen en kleding om hen aan haar te herinneren.

Op zondag 3 juli 1855 nam **Eufrosyne**, die bijna honderd jaar oud was, vredig deel aan de communie, vouwde haar armen over elkaar en ontsliep. Degenen die in de buurt waren, herinnerden zich dat de kamer op dat moment gevuld was met een fijne, ongewone geur. Een soortgelijk fenomeen wordt beschreven door talloze getuigen die aanwezig waren bij de ontslapenis van andere heiligen.

Ze werd begraven in kloostergewaden in een houten kerkje in de buurt. De dienst werd geleid door zeven priesters. Een gietijzeren plaat werd over het graf geplaatst, waarop, met de zegen van de heilige Filaret van Moskou (19 november), de inscriptie stond: "**Eufrosyne** de onbekende. God heeft de dwaasheid der wereld uitverkoren om de wijzen te beschamen (1 Korintiërs 1:27)."

Bij decreet van het Geestelijk Consistorie van Toela van 7 november 1909 lag in de kerk een speciaal boek waarin verhalen van genezing door gebeden tot de heilige **Eufrosyne** van Kolyupanovo werden opgetekend. Een jaar later waren er 55 van dergelijke getuigenissen in het boek verzameld. In 1931 brandde de Icoonkerk van Kazan af en raakten zowel haar graf als de waterput in verval.

De asceet **Eufrosyne** werd in 1988 heilig verklaard als een lokaal vereerde heilige van het bisdom Toela als "Zalige Eufrosyne".

In 1996 werd op de plek van de afgebrande kerk van de Kazan-icoon van de Moeder Gods een stenen kerk gebouwd, waarin een marmeren schrijn werd geplaatst boven het graf van de heilige **Eufrosyne**, met daarboven een icoon van deze heilige. Talrijke genezingen vonden plaats door de relieken en bij de door de asceet gegraven bron.

Op 16 juli 1995, zoals de heilige **Eufrosyne** had voorspeld, werd in de Kazan-icoonkerk het Klooster van de Kazan-icoon van de Moeder Gods gesticht. Tweemaal per jaar, op de feestdagen van de heilige—16 juli en 8 oktober—worden er in het klooster van de Kazan-icoon diensten gehouden. Er wordt bij haar graf gebeden met haar akathist en er worden kruisprocessies naar de heilige bron gehouden, die veel pelgrims aantrekken.

Er zijn veel mensen die een persoonlijke ervaring met de heilige hebben gehad en vele mensen die haar in hun hart hebben gesloten. Zo ook Anastasia Ivanovna Tsvetajeva (1894-1993), de zus van de grote dichteres Marina Tsvetajeva (1892-1941). Tijdens haar ballingschap in Siberië herschreef Anastasia het leven van de asceet, schilderde haar portret en hing het aan de muur. Op een dag, na tot **Eufrosyne** te hebben gebeden, genas Anastasia van een acute amandelontsteking. In 1959 ging ze naar de regio Toela en vond de bron van de heilige **Eufrosyne**. Vanaf die tijd ondernam ze jaarlijks een pelgrimstocht naar deze heilige bron tot aan haar dood in 1993.

Michaël vertelt over een voorspelling die de gezegende **Eufrosyne** deed. Hij volgde lessen in lezen en schrijven bij de klosterdiaken Nikolaas. In totaal waren er ongeveer vijtien studenten. **Eufrosyne** hield van de diaken, bezocht hem vaak en zei tegen hem: "Als je ze probeert te leren lezen en schrijven, zullen ze allemaal dwazen en dronkaards zijn." Deze voorspelling kwam uit, vertelt Michaël, want er was geen enkele slimme jongen onder hen en ze werden later allemaal bittere dronkaards.

Paraskeva uit de stad Aleksin verklaart dat zij de gezegende **Eufrosyne** persoonlijk kende. Op een dag was Paraskeva aan het wieden in haar tuin. Hierdoor kreeg ze een verkoudheid en haar linkerhand bleek de volgende ochtend gevoelloos. Nadat ze alle huismiddeltjes had geprobeerd, maar er geen verlichting kwam, besloot ze naar Kolyupanovo te gaan en bij het graf van **Eufrosy-**

ne een panichida te houden. Na afloop van de dienst pakte ze wat zand van het graf en wreef ermee over haar pijnlijke hand, en voelde dat ze haar vingers weer kon bewegen. Daarna nam ze nog wat zand mee naar huis en de volgende ochtend wreef ze nogmaals over haar linkerhand. Daarna herstelde haar hand zich volledig en functioneerde perfect.

Dezelfde Paraskeva vertelt hoe een bevriende vrouw genaamd Fevronia verlamde benen had. Ook zij werd hiervan genezen dankzij **Eufrosyne's** interventie. Op een dag trok de heilige haar kousen uit en gaf deze aan de verlamde Fevronia. Eenmaal de kousen aangetrokken, verdween de verlamming.

Maria Vasilyevna trouwde in 1849 op 17-jarige leeftijd en al snel begeleidde ze haar man Ivan naar de oorlog. Zelf werd ze de metgezel van mevrouw Poloskova. De gasten van mevrouw Poloskova noemden haar een jonge dame, hoewel ze wisten dat ze getrouwd was. Maria voelde zich erg ongemakkelijk en wist niet goed wat ze moest doen om niet langer een jonge dame genoemd te worden. Op een dag ontmoette ze de oudere **Eufrosyne** die, zonder enige reden van haar kant, tegen Maria zei: "Waarom schaam je je dat je niet weet hoe je jezelf moet noemen? Laat je weduwe noemen, want je bent een weduwe!" In eerste instantie dacht Marya dat haar man in de oorlog zou sneuvelen, maar aan het einde van de oorlog keerde hij veilig en wel terug, dus ze vergat de woorden van **Eufrosyne**. Ongeveer een jaar later bleken de woorden echter toch profetisch. Haar volledig gezonde man ging naar zijn thuisland om een huis te bouwen, waar hij onverwachts stierf, waardoor Maria weduwe werd op 25-jarige leeftijd.

Dezelfde Maria vertelt hoe een kolonel werd genezen van ondraaglijke maagpijn nadat hij **Eufrosyne** in een droom zag die hem opdroeg buskruit te drinken.

Zinaida zag in 1907 in een droom dat ze een kerk te Kolupanovo naderde: Ik liep naar het hek van de kerk en zag een oude vrouw rond de kerk lopen met een beker wijwater. Ze besprenkelde alles kruislings aan alle kanten met een sproeier. Ze besprenkelde mij ook op mijn verzoek en gaf ze me een fles wijwater. Ik vroeg haar mij naar de kerk te brengen. De oude vrouw nam mij mee, opende de kerk en werd onzichtbaar. Ik betrad de kerk en zag een gedenkteken voor de gezegende **Eufrosyne**. Ik liep dichterbij en zag dat de oude vrouw op een kussen lag, bedekt met een witte doek. Ze pakte mijn hand, ik begon haar hand te kussen en vroeg haar om voor mij te bidden. Ze zei: "Kus mijn hand, maar kus mijn lippen niet, je stinkt naar tabak." Ik werd 's ochtends wakker zonder de minste behoefte om te roken, terwijl ik al veertig jaar rookte. Ik had daarvoor geen kracht om te stoppen met roken, en nu rook ik al twee jaar niet meer. Ik kende de kerk nog niet. Al snel kwam ik in het dorp Kolyupanovo aan en zag de kerk, het hek, de locatie en het graf van **Eufrosyne**, precies zoals ik dit allemaal in mijn droom had gezien. Op het portret herkende ik de gezegende meteen.

In mei 1853 was Stepan samen met zijn kameraden aan het werk in een tuin. Toen de arbeiders **Eufrosyne** daar zagen, begonnen ze haar te bespotten. De ouderling spuwde naar hen en zei: "Jullie zijn allemaal dwazen! Jullie zullen soldaten worden!!" Na deze woorden begonnen de arbeiders haar nog harder uit te lachen, omdat ze verbaasd waren dat ze hen soldaten noemde, en ze antwoordden haar: "Wat voor soort soldaten zijn we als we allemaal rond de vijftig jaar oud zijn!" Twee jaar later, in juni 1854, werden er op last van de regering mensen gerekruteerd en werden alle personen die in de tuin werkten opgehaald, inclusief Stepan.

Nog veel meer andere bijzondere gebeurtenissen zijn er opgetekend. Vele wonderbare genezingen zijn er geweest na het houden van een panichida bij het graf van **Eufrosyne**. Kindjes die wegkwijnden maar volledig gezond werden, mensen die op het rechte pad terugkeerden, en volwassenen met allerlei ziektes en kwaaltjes die daarvan verlost werden.

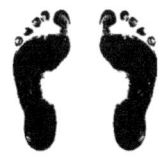

Matrona van Anemnyasevo

16 Juli

Matrona Belyakova werd geboren op 6 november 1864 in een arm boerengezin, als vierde kind van tien kinderen. Uit de beschrijving van het uiterlijk van haar ouders kan opgemaakt worden dat ze onderontwikkeld waren. Haar vader dronk veel en stond bekend als de dorpsdronkaard en verwaarloosde de boerderij waarin ze woonden.

We weten niet waarom, maar de ouders van **Matrona** hadden een hekel aan haar. Wanneer haar zussen geschenken kregen, ontving zij niets. Ook werd zij meer dan de andere kinderen mishandeld en geslagen.

Op 7-jarige leeftijd kreeg **Matrona** de pokken en werd blind. Ondanks haar blindheid moest ze al op jonge leeftijd meehelpen in het huishouden en op de andere kinderen passen. Op een dag, toen ze tien jaar was, liet ze tijdens het oppassen per ongeluk haar zusje van de veranda op de grond vallen. Hierop greep haar moeder haar vast en begon haar te slaan en met alles wat ze vond te bekogelen. Huilend vroeg het meisje om vergiffenis. Tevergeefs, want razend van woede ging haar moeder door. **Matrona** zag op een gegeven moment de hand van de Moeder Gods uit de hemel naar haar uitstrekken. Het visioen herhaalde zich drie keer, maar haar moeder luisterde niet. De laatste keer gaf de Moeder Gods **Matrona** een boekrol. Wat erop geschreven stond heeft ze nooit aan iemand onthuld.

De volgende ochtend kon ze door de mishandelingen niet meer opstaan en verloor ze voorgoed het vermogen om te lopen. Het enige wat ze kon was van de ene naar de andere kant rollen en haar armen bewegen om lichte voorwerpen te pakken. Vanaf de verlamming stopte haar lichaam ook met groeien en bleef het een lichaam van een 10-jarig meisje.

De dorpelingen wisten van het verlamde meisje en behandelden haar met eerbied. Ze werd door veel gelovigen namelijk gezien als een geduldige lijder zonder schuld, en deze mensen werden als "Gods volk" beschouwd.

Toen **Matrona** zeventien jaar was kwam er een boer, een houtzager, om hulp vragen. Hij zei haar; "**Matrona**, je ligt daar al een paar jaar, ik neem aan dat je God behaagt. Mijn rug doet pijn en ik kan niet meer zagen. Raak mijn rug aan, wellicht gaat het dan over. De dokters kunnen niet helpen, maar wellicht jij wel." Zodra **Matrona** zijn rug aanraakte was de pijn verdwenen.

Op een gegeven moment kwamen er allerlei mensen die een ware pelgrimstocht ondernamen om naar haar toe te komen, tientallen tot honderden mensen per dag. Bezoekers brachten eten en spullen naar **Matrona** voor haar gebeden en ze werd ineens niet meer door haar familie gezien als last, maar een bron van inkomsten. Haar vader ruilde vaak wat er voor haar meegebracht werd voor tabak of wodka. De andere goederen gaf **Matrona** aan mensen die naar haar toekwamen. Ze hield niets voor zichzelf.

Na de dood van haar ouders ging dit zo door, want ook haar broers en zussen behandelden haar als een melkkoe. De mensen die haar bezochten zagen dit vol afgrijzen. Zodoende werd er door enkele van hen een huis voor **Matrona** gebouwd. Helaas kreeg haar zus dit met een aanklacht al snel in handen.

Hierna ging **Matrona** bij haar neef Matvey, een vriendelijke en gelovige man, wonen. De kinderen van deze man hadden het hierdoor zwaar te verduren. Ze werden op straat door de mensen, die bevangen waren door de communistische geest, uitgelachen en geplaagd, omdat er een dwaas in hun huis woonde.

Matrona werd gekweld dat deze onschuldige mensen deze beledigingen voor haar moesten verdragen.

Ze lag in een klein apart kamertje in een ledikantje, waar het in de zomer benauwd werd. Dan werd ze naar de gang gebracht en bleef daar tot de winter. Mensen die tijdens de herfstkou bij haar kwamen waren verbaasd over haar geduld en vroegen of ze het niet koud had. Ze antwoordde dan dat het warm was en gaf haar hun hand, en inderdaad was deze echt warm.

Vaak zei **Matrona** tijdens gesprekken gebeden op die relevant waren voor het gespreksonderwerp. Ook kende ze akathisten en kerkliederen uit haar hoofd. Op de vraag hoe ze dit alles kon, aangezien ze blind was, antwoordde ze: "Een goed mens komt en leest me iets voor, en met Gods hulp heb ik het onthouden." Ook zei ze tegen mensen dat het onophoudelijke gebed alles kan doen. Wanneer ze alleen was, hield ze het gebedssnoer in haar hand. Deze verdween echter in haar zak wanneer er mensen waren. Dan raakte ze het enkel in het geheim aan, zodat dit alles verborgen zou blijven voor mensen.

Elke maand biechtte **Matrona** en ontving ze de heilige Eucharistie en op die dag was ze ongewoon levendig en vreugdevol. Vanaf haar zeventiende had ze vlees opgegeven en op dagen tijdens de vastentijden at ze bijna niets of heel weinig. Hoewel ze nooit haar kamer verliet kende **Matrona** veel heiligen, en hoewel ze hen nooit had gezien onderhield ze innerlijke communicatie met hen.

Matrona bezat geestelijke gaven van de Heer, vanwege haar zuivere hart zag ze ook het hart van de andere persoon. Door haar gebeden werd dronkenschap, demonische bezetenheid en ziekte verdreven, nadat artsen de zieken hadden opgegeven.

Vanaf 1933 sprak **Matrona** alleen in uitzonderlijke gevallen, en altijd met tegenzin, over alledaagse, wereldse zaken. Ze was echter dag en nacht bereid om over het spirituele leven te praten, vooral over het toekomstige leven.

In de zomer van 1935 werden tien mensen gearresteerd. Ook **Matrona** had gearresteerd moeten worden, maar men was bang haar aan te raken. Ze werd beschuldigd van anti-Sovjet en anti-collectieve landbouwactiviteiten. De aanklacht tegen dit "schadelijke element" was dat haar heiligheid een slechte invloed had op de massa en het proces van collectivisatie belemmerde. Uiteindelijk werd er een speciale auto gestuurd om haar op te halen. De voorzitter van de dorpsraad droeg **Matrona** naar buiten en maakte een opmerking over hoe licht ze was. Daarop antwoordde **Matrona** dat zijn kinderen ook zo licht zouden blijven. Na de arrestatie stopten zijn kinderen inderdaad met groeien en werd de voorzitter zelf ziek. Hij leed hevige pijnen en schreeuwde zo hard dat het halve dorp het kon horen. Voor zijn dood bekeerde hij zich echter en stierf in vrede.

Het jaar dat **Matrona** in de gevangenis spendeerde, bracht licht in het leven van de gevangenen, doordat ze met hen hymnen zong, en akathisten en gebeden opzegde. De bewakers waren niet in staat haar de mond te snoeren en ze waren bang haar te doden, dus stuurden ze haar naar een psychiatrisch ziekenhuis en verklaarde haar geestelijk ziek.

De heilige **Matrona** stierf aan hartfalen op 29 juli 1936 in het Radischev Huis in Moskou. Door de raad van bisschoppen werd ze in 2000 heilig verklaard.

Voor het vereerde icoon van de heilige **Matrona** in de Kerk van de Levengevende Drie-eenheid in Moskou, branden altijd veel kaarsen. Het icoon is versierd met decoratieve vlinders (de heilige **Matrona** hield hier in haar jeugd van) als teken van dankbaarheid van mensen die hulp van **Matrona** ontvingen.

Simeon van Edessa

21 juli

Weliswaar was heilige **Simeon** niet de eerste dwaas om Christus, maar wel een van de eerste en bekendste. Een uitgebreide hagiografie werd geschreven door bisschop Leontios van Neapolis, welke overigens in het Nederlands is vertaald (zeer de moeite waard!).

De heilige **Simeon** was afkomstig uit Edessa. Hij was rijk, had een goede opvoeding genoten, en na afloop van zijn studie ging hij met zijn (eveneens heilig verklaarde) vriend Johannes op reis naar het Heilige Land. Zij namen deel aan het feest van de Kruisverheffing in Jeruzalem, en op de terugweg bezochten zij uit nieuwsgierigheid de kloosters bij Jericho.

Beide vrienden werden zo gegrepen door het vurige leven van de monniken daar, dat ze ergens wilden intreden. Daarom smeekten ze de Heer om aan te geven welk klooster ze moesten kiezen, en besloten het klooster te betrekken waarvan de deuren open stonden. De hegoumen Nikon werd in een droom door God geïnstrueerd om de kloosterpoorten te openen, zodat de toekomstige monniken naar binnen konden gaan. Zodoende traden **Simeon** en Johannes in het klooster van de heilige Gerasimos in Syrië, onder leiding van Nikon.

Simeon en Johannes maakten zulke goede vorderingen in zelfbedwang en ijver in het gebed, dat zij al spoedig zegen kregen om zich als kluizenaar te vestigen in de woestijn achter de

Dode Zee. Met de hulp van de Heer overwonnen zij alle heftige aanvallen van de satan. Ze werden door hem ondergedompeld in verdriet omdat ze hun families in de steek hadden gelaten, en de demonen probeerden de asceten te ontmoedigen door hen te onderwerpen aan zwakte, moedeloosheid en luiheid. De broeders herinnerden zich echter hun monastieke roeping en vervolgden hun gekozen pad. Hun tijd werd gevuld met onophoudelijk gebed en strikte vasten, en ze moedigden elkaar aan in hun strijd tegen de verleiding. Zorgen over familie werden weggevaagd toen God tot hen sprak in een droom, met de belofte dat hun dierbaren in het paradijs waren opgenomen.

Negenentwintig jaar leefden zij daar in strenge ascese, waarna bij **Simeon** de gedachte kwam dat dit leven toch wel erg op zichzelf was gericht. Volgens hem moest hij gaan werken aan de redding van anderen. Johannes wierp op dat hij door zijn leven van boete en gebed een belangrijke taak vervulde voor het heil van de wereld, maar in **Simeon** groeide steeds sterker de overtuiging dat God hem riep om zich meer rechtstreeks tot anderen te richten. Hun wegen zouden zich na al die tijd scheiden.

Via Jeruzalem—waar **Simeon** het graf van de Heer bezocht en Hem vroeg om Zijn zegen om mensen te dienen zonder herkend te worden—reisde hij naar Emesa (nu Homs in Syrië). Zijn entree zette meteen de toon voor zijn verdere verblijf. Buiten de stad had hij een dode hond gevonden, die hij aan zijn eigen gordel vastbond en door de straten sleepte. Terwijl hij door de stadspoort rende zagen kinderen hem en schreeuwden: "Hé een gekke *abbas*!".

De dag erna, zondag, begon **Simeon** meteen de gek uit te hangen. Hij nam noten mee naar de kerk en gooide notendoppen rond en doofde kaarsen uit. Mensen wilden hem grijpen waarna hij op de preekstoel plaatsnam en vanuit daar vrouwen bekogelden met noten. Terwijl hij uit de kerk werd gegooid smeet hij enkele tafels om van koekverkopers, wat doet denken aan Mattheüs 21:12.

In Emesa wijdde **Simeon** zich aan de zorg voor de meest verachten en verworpenen, vooral voor de gevallen vrouwen. Hij wilde zich niet boven hen stellen en zelf ook in de ogen der mensen verachtelijk zijn. Daarom deed hij zich voor alsof hij krankzinnig was, wat hij onder andere uitte door zijn behoefte midden op het marktplein te doen in bijzijn van iedereen. Daarom werd hij al spoedig een openbare figuur die ze 'de Gek' noemden.

Simeon was zo radicaal in zijn geveinsde dwaasheid dat de meeste mensen hem werkelijk voor waanzinnig hielden. In lompen gehuld zwierf hij door de straten van de stad en mengde zich in de woeste spelletjes van groepen jongens. Hij deed mee met de openbare rondedansen en zocht in cafés het gezelschap van bedelaars en dronkaards. Verder at hij van alles, ook vlees op vastendagen, terwijl hij daarna dagen en soms weken voorbij liet gaan zonder ook maar enig voedsel te gebruiken.

Tegelijkertijd werd **Simeon** door Gods genade bekroond met de gave van genezing. Hij verdreef demonen, heelde mensen, en bracht ongelovigen (terug) tot Christus. Hoewel de meeste inwoners hem minachtend bekeken en beschimpten, sprak zijn oude vriend Johannes niets dan lof. Mensen met spirituele problemen verwees hij daarom veelvuldig door naar de heilige dwaas, die hen (volgens hem) betere geestelijke raad kon geven.

De twee zagen elkaar af en toe, zoals net na Pasen. Johannes opperde bij **Simeon** dat deze eens moest badderen. Spontaan trok de dwaas zijn kleren uit, waarop Johannes uit schaamte niet naast hem wilde lopen. **Simeon** liep toen gekscherend voor hem uit, bewust richting het vrouwenbadhuis. Zijn verbaasde vriend waarschuwde hem tevergeefs, het kwaad was al geschied. De vrouwen daarbinnen waren niet gecharmeerd van zijn aanwezigheid. Ze wierpen zich op hem en smeten hem eruit. Toen **Simeon** dit vertelde aan iemand vroeg diegene wat hij voelde tussen al die vrouwen. "Als een stuk hout tussen stukken hout", klonk het antwoord, wat liet blijken dat de dwaas zijn lichaam had getemd en hij geen last had van hartstochten.

In de woestijn was **Simeon** naar eigen zeggen genezen van zijn onreine gedachten en seksuele verlangens. Daardoor kon hij probleemloos met vrouwen van lichte zeden optrekken. Schaamteloos staken sommigen hun hand onder zijn kleed en streelden en kietelde hem. Er gebeurde vervolgens niets. Hij maakte enkel pret met deze publieke vrouwen en bood ze geld aan om hem trouw te blijven. Zodra ze dit verbraken vervloekte hij hen en zond ze soms een demon toe. Het gevolg was dat meerdere van deze vrouwen zich ingetogener begonnen te gedragen. Verschillenden bekeerden zich en traden soms zelfs in een klooster.

Toen een dorpshoofd deze schandelijke gedragingen zag met zedeloze vrouwen was hij overtuigd dat **Simeon** ontucht pleegde. Omdat hij had gehoord over de heiligheid van de dwaas werd hij woedend, waarop **Simeon** naar hem toe kwam en een oorvijg uitdeelde. Het dorpshoofd begreep meteen dat hij betrapt was in zijn slechte gedachten, en telkens wanneer hij tegen mensen wilde vertellen over **Simeon** kon hij geen woord uitbrengen.

Bijzonder is het bekeringsverhaal van een joodse glasblazer, waarvan de creaties telkens braken omdat **Simeon** een kruisteken sloeg vanaf een veilige afstand. De glasblazer werd hierover ingelicht, en holde woedend achter de dwaas aan met een gloeiend ijzer. De heilige dwaas beloofde dat het zou ophouden wanneer de glasblazer een kruisteken maakte op zijn eigen voorhoofd [ooit gebruikelijk, nu maken we het over onze gehele torso]. Inderdaad stopte het breken van glas, en de jood bekeerde zich tot het Christelijke Geloof.

Een slavin die zich had laten verleiden, beschuldigde **Simeon** ervan de oorzaak te zijn van haar zwangerschap, om haar minnaar te beschermen. Omdat de heilige dwaas de gewoonte had om slavinnen te willen zoenen, klonk het niet eens als volstrekt onmogelijk. De meesteres van het meisje confronteerde **Simeon**. Hij sprak dit alles in het geheel niet tegen, maar hield de zwangere slavin gezelschap en gaf haar te eten. Toen de tijd van de geboorte was aangebroken, bleef haar schoot echter gesloten.

Ze moest heftige weeën verduren, waarop **Simeon** al dansend jubelde dat ze moest bekendmaken wie de echte vader was. Angstig voelde ze zich gedwongen om eindelijk de waarheid bekend te maken. En jawel, pardoes kwam het kindje ter wereld.

Stiekem deed **Simeon** op een dag alsof hij naar bed wilde met de duttende vrouw van een kroegbaas. Terwijl ze lag te soezen trok **Simeon** zijn gewaad uit, waarop ze wakker werd en begon te schreeuwen dat "die verkrachter" eruit moest worden gegooid. Vanzelfsprekend werd de heilige dwaas eruit getrapt. De reden van deze maffe streek was de angst om teveel geprezen te worden, daar **Simeon** de kroegbaas even daarvoor had geholpen. Op lompe wijze, door het stukslaan van enkele karaffen wijn waarop hij 'dood' had zien staan, onthulde hij namelijk dat een giftige slang zijn wijn had verpest.

Een andere keer liep **Simeon** met een zweep en sloeg daarmee de kolommen van alle grote gebouwen, roepend: "Houd je vast, binnenkort moet je dansen!" Iedereen was het erover eens dat **Simeon** nu toch echt krankjorum was geworden. Kort daarop, in 550, werd de stad echter getroffen door een buitengewoon zware aardbeving die grote verwoestingen aanrichtte. Op dat moment kwam men tot de overtuiging dat het een profetische handeling was geweest. Er werd vastgesteld dat juist de kolommen die hij had aangeraakt, overeind waren blijven staan.

Simeon was bevriend geraakt met een andere Johannes, een diaken. Deze diaken had een zoon, welke op een dag omgang met een getrouwde vrouw had. Na de daad werd hij buiten haar huis bezeten. Dit voorval kwam **Simeon** te ore, dus zocht hij de bezeten zoon op. Terwijl de jongen verwikkeld was in een spel met vrienden, sloeg **Simeon** hem op een wang, na eerst als een maloot te hebben meegespeeld. "Pleeg geen ontucht meer sufferd, dan komt de duivel ook niet meer bij je!", riep **Simeon**. Meteen vertrok de demon, terwijl de beschaamde jongen lag te schuimbeken op de grond. Omstanders zagen hoe **Simeon** een zwarte hond uit het lichaam joeg die hij vervolgens een mep verkocht met een houten kruis. Na ontwaken wist de verloste jongen niets meer, enkel dat iemand hem had verboden om ontucht te plegen. Pas na de dood van de heilige dwaas wist hij zich alles in detail te herinneren, inclusief wie hem had verlost van de demon.

Op een keer traden er mimespelers op in het theater, waarvan eentje goochelde. **Simeon** moest niets hebben van die trukendoos, dus trok erheen en ging pal voor het toneel zitten. Na een kruis te hebben geslagen over een klein steentje gooide hij deze tegen de hand van de goochelaar, die bezig was met zijn zedeloze act. De hand verschrompelde tot schrik van iedereen, waarvan niemand zag wie het steentje had gegooid. Die nacht zag de goochelaar een monnik met een krans van palmtakken op zijn hoofd hem zeggen wat hij moest doen. Hij zwoer daarna bij de Moeder Gods nooit meer zulke streken uit te halen, waarna zijn hand genas.

Enkele meisjes kwamen eveneens te weten hoe God door **Simeon** heen werkte. Ze zongen spottende liedjes over hem, waarop ze plotseling scheel keken. Jammerend achtervolgden ze **Simeon**, denkend dat hij hen had betoverd. Hij zei dat eenieder die zich op haar schele oog liet kussen gezond zou worden. Dat gebeurde inderdaad bij de meiden die dit toelieten. Degenen die weigerden bleven scheel. Pas toen ze de andere genezen zagen, smeekten ze **Simeon** hen ook te kussen, wat hij weigerde. Hierover zei de heilige: "als God hen niet scheel had gemaakt hadden ze alle Syrische vrouwen in zonde overtroffen. Maar door hun oogafwijking komt er een einde aan hun vele zonden."

Spelend op een soort lier joeg **Simeon** in een steeg een boze geest weg. Met het uiterlijk van een klein donker figuur sloeg de demon alles kort en klein in de kroeg naast de steeg. Toen **Simeon** onthulde dat hij de sloper had gestuurd, reageerde de bazin woedend. Ze kreeg hem echter niet te pakken. Hij waarschuwde haar onderwijl dat ze van haar ketterij moest afstappen (zij en haar man waren monofysieten). Zo niet, zou de zwarte demon elke dag de boel komen verbouwen. Dit gebeurde inderdaad, totdat ze van hun dwaling terugkeerden naar de Orthodoxie. Niemand vertelden ze hierover, hoewel **Simeon** hen elke dag kwam sarren.

Rond 570 ontsliep **Simeon**, na een turbulent leven. Terwijl ze zijn lichaam droegen, hoorden verschillende inwoners een wonderbaarlijk koor zingen, maar konden niet begrijpen waar het vandaan kwam. Kort voor zijn dood zag **Simeon** een visioen waarin zijn geestelijke broeder een kroon op zijn hoofd droeg met de inscriptie: "Voor uithoudingsvermogen in de woestijn." Vlak erna ontsliep ook Johannes.

De eerder genoemde diaken Johannes was getuige van zijn heilige leven, en aan hem heeft **Simeon** zijn levensgeschiedenis verhaald. Diaken Johannes heeft het na de dood van de heilige dwaas bekend gemaakt.

Basilios van Moskou

2 augustus

Niet de eerste, maar absoluut een van de bekendste Russische dwazen om Christus is de heilige **Basilios** (Vasili). Deze eenvoudige boerenjongen werd in december 1468 geboren in het portiek van de Epifaniekathedraal te Jelochovo, een dorpje dat later versmolten is met Moskou. Meteen maakte hij dus een opzienbarende entree, wellicht een voorbode van zijn latere bijzondere leven en roeping.

Zijn ouders Jacob en Anna stuurde hem naar een schoenmaker om daar bij in de leer te gaan. De leraar kwam erachter hoe bijzonder **Basilios** was toen de jongen een klant te woord stond die zijn bestelde laarzen een jaar later wilde komen ophalen. De jongen huilde en zei: "Ik zou willen dat u de bestelling annuleerde, aangezien u ze nooit zult dragen." Zijn verbaasde leermeester vroeg wat dat te betekenen had, waarop **Basilios** uitlegde dat de man de laarzen niet zou dragen, omdat hij spoedig zou sterven. Zijn voorspelling kwam korte tijd later uit.

Op zijn zestiende trok **Basilios** naar Moskou. Hij had geen onderkomen en woonde op straat, ongeacht het uur of het weer. Blootsvoets en bijna naakt trotseerde hij de strengste vorst of de gloeiendste middagzon. De nachten bracht **Basilios** meestal door in de portiek van een kerk, biddend voor de zonden der mensen. Overdag liep hij door de straten, gedroeg zich als een dwaas, en sprak soms mensen aan die hij op beeldende wijze hun gebreken onder ogen bracht. Daarbij richtte hij zich vooral tot hen die in het openbaar goede werken deden maar hun eigen naasten verwaarloosden. Ook had hij oog voor de stille armoede van wie het eerst goed hadden maar nu in nood verkeerden en zich schaamden om te bedelen. Vanuit dat oogpunt gaf hij op een zeker moment een royaal geschenk weg aan een buitenlandse koopman die helemaal niets meer had. Hoewel de man drie dagen niets had gegeten, kon hij niet om eten bedelen omdat hij mooie kleding droeg.

Echter veroordeelde **Basilios** degenen die om egoïstische redenen aalmoezen gaven. Dus niet uit medeleven met de armen en behoeftigen, maar in de hoop op een gemakkelijke manier om Gods zegeningen over hun zaken te verkrijgen. Op een dag zag hij een demon in de gedaante van een bedelaar nabij de kerk van de Allerzuiverste Maagd. De zogenaamde bedelaar willigde de wensen snel in van iedereen die aalmoezen gaf. De heilige onthulde de kwaadaardige truc en verdreef de duivelse bedelaar.

Naast het gewone volk had **Basilios** geen moeite om machtige mensen te corrigeren. Zo ook tsaar Ivan IV ('de Verschrikkelijke') die we eerder tegenkwamen. Er werd zelfs beweerd dat **Basilios** de enige man was waar tsaar Ivan bang voor was, omdat de heilige dwaas volgens hem "een ziener van harten en menselijke gedachten" was. Niet alleen werd de tsaar berispt vanwege zijn gewelddadige gedrag tegenover onschuldigen, eveneens omdat hij volgens **Basilios** niet aandachtig de kerkdienst bijwoonde. Tijdens de liturgie dacht de tsaar namelijk aan zijn paleis waar hij geestelijk doorheen liep, al fantaserend wat hij er nog mee wilde doen.

Meestal zweeg **Basilios**, af en toe uitte hij vreemde, onbegrijpelijke, geheimzinnige woorden. Soms trok hij de kraam van een bakker of een vat *kvas* (Oost—Europees drankje) ondersteboven en haalde zich dan natuurlijk een flink pak slaag op de hals. Later bleek dat hij dit enkel deed bij producten waar moedwillig mee gesjoemeld was.

Alle ontberingen accepteerde **Basilios** met blijdschap en hij dankte God ervoor. Dit boezemde dan weer respect in. Het volk begon in te zien dat hij een heuse dwaas om Christus was die de menselijke ondeugden aan het licht bracht. Een ware opvolger van de vereerde heilige dwaas Maximos (11 november), die ongeveer vijftig jaar tevoren in Moskou had geleefd.

Het alomvattende medelijden en mededogen was een karakteristieke trek van **Basilios**. Dikwijls zag men hoe hij onder tranen de hoeken van een huis kuste. Op vragen daarover antwoordde hij dan dat daar engelen stonden, bedroefd over de zonden die daar werden bedreven, en dat hij hen dan wenend vroeg om tot de Heer te bidden voor de bekering van de zondaars binnen.

Verder werden mensen steeds meer getuige van zijn wonderbare gaven. Zo wilde een welvarende koopman een stenen kerk laten bouwen in Moskou, alleen stortten de bogen tot drie keer in. De radeloze man wendde zich tot **Basilios** voor raad, die hem op zijn beurt naar Kiev stuurde. "Zoek daar Johannes de Kreupele", adviseerde hij. "Hij zal je adviseren hoe je de kerk moet bouwen."

Weldra vond de koopman deze Johannes in Kiev, die in een armzalige hut zat waar hij een lege kribbe wiegde. "Wie wieg je?" vroeg de koopman verwonderd. "Och, ik huil om mijn geliefde moeder, die arm is geworden door mijn geboorte en opvoeding." Pas toen herinnerde de koopman zich zijn eigen moeder, die hij het huis uit had gegooid. Onmiddellijk werd het hem duidelijk waarom hij zo had gefaald in het bouwen van de kerk. Eenmaal teruggekeerd in Moskou bracht hij zijn moeder terug naar huis, smeekte haar om vergiffenis, en bouwde spoedig daarna succesvol de kerk.

Een ander voorval gaat over een bende rovers, die de heilige **Basilios** gekleed in een kwaliteitsbontjas zagen. Deze jas was hem geschonken door een zekere bojaar. Het stelletje besloot om de jas met een list van de heilige dwaas af te pakken. Eén van hen veinsde gestorven te zijn, anderen vroegen Basil om een donatie voor de begrafenis van hun dode vriend. **Basilios** bedekte de dode man met zijn mooie jas, maar ontdekte op dat moment het laaghartige bedrog. "Wees vanaf dit moment echt dood", zei hij, "vanwege het kwaad dat je hebt gedaan, daar er staat geschreven: 'de boosdoeners zullen worden uitgeroeid'." (Psalm 37:9) De andere criminelen ontdekten daarna dat de bedrieger werkelijk was gestorven.

Toen de stad in 1521 in uiterste nood verkeerde door de woeste aanvallen van Khan Girej, riep **Basilios** op tot gemeenschappelijk gebed voor de icoon van de Moeder Gods van Vladimir. Nadat de Khan de buitenwijken van Moskou had platgebrand, werd hij beangstigd door een visioen van een groot aantal legioenen. Dat maakte dat hij terugkeerde, waardoor Rusland was gered.

Tsaar Ivan IV had **Basilios** in 1547 uitgenodigd op zijn naamdag. Daar kreeg de heilige dwaas een kroes wijn om te drinken op de gezondheid van de tsaar. Hij dronk echter geen druppel maar goot de wijn met een ruige beweging uit het raam. Er werd nieuwe wijn ingeschonken, maar opnieuw wierp hij de drank het raam uit, tot driemaal toe. De tsaar was diep beledigd en eiste een verklaring. **Basilios** zei daarop: "Wees toch niet zo boos, Ivanoesjka ['kleine Ivan'], ik moest een brand blussen in Novgorod, en nu is het vuur gedoofd." De tsaar stuurde direct een koerier naar Novgorod. Deze kwam terug van de reis met de boodschap dat op die dag inderdaad een geweldige brand was uitgebroken die de houten stad bedreigde, maar dat de bevolking plotseling een vrijwel naakte man had gezien die met grote vaten water het vuur had geblust. Later in Moskou herkenden enkele inwoners van Novgorod de heilige **Basilios** als hun wonderbare redder.

Dit wervelende leven heeft **Basilios** 72 jaar volgehouden. Gedurende verschillende generaties was hij een centrale persoonlijkheid onder het volk van Moskou, dat hem steeds meer vereerde. De laatste jaren van zijn leven werd hij door zware ziekten gekweld. Kort voor zijn dood werd **Basilios** werd hij nog eens bezocht door tsaar Ivan IV samen met zijn vrouw, tsarina Anastasia.

In 1557 ontsliep **Basilios** en werd begraven in de in 1554 voltooide kathedraal van de Bescherming der heilige Moeder Gods. Deze was gebouwd ter viering van de verovering van Khazan—en is met haar kleurenpracht en adembenemende architectuur nog steeds een beroemde blikvanger op het Rode Plein. Al spoedig werd de kerk naar **Basilios** genoemd. Dertig jaar daarna werd hij al door de Kerk heilig verklaard.

Eudokia (Dunia) Shikova

5 Augustus

De heilige **Eudokia** Shikova, ook bekend als Dunia, werd geboren op 11 februari 1856 in Puzo, Rusland, in een vrome boerenfamilie. Haar moeder stierf vroegtijdig, en haar vader werd later vergiftigd met arsenicum door de vrouw waarmee hij hertrouwde. Daardoor liet hij haar al vroeg als wees achter. Ze groeide op bij haar tante en oom, een kerkmeester, en leefde een godsdienstig leven, veelvuldig biddend, zowel thuis als in de kerk. Ook ging ze op pelgrimstocht en bezocht ze diverse kloosters en heilige plaatsen.

Het is dus niet vreemd dat de liefde voor God al zeer vroeg bij **Eudokia** ontwaakte. De tekenen van heilige dwaasheid diende zich al vroeg bij haar aan. Ze droeg altijd een warme sjaal en jas en liet nooit haar gezicht zien. Ze was onafscheidelijk van haar vriendin Maria, waarmee ze op straat mishandelingen had te doorstaan. Mensen scholden hen uit en gooiden stenen.

Na de dood van Maria moest **Eudokia** de mishandelingen alleen ondergaan. Ze was zwak en ziekelijk en werd uiteindelijk op haar twintigste bedlegerig vanwege een ernstige ziekte. (Later onderzoek wees uit dat **Eudokia** kon lopen. Ze had enkel een vergroeiing rond haar knie vanwege het vele bidden, oftewel wijst dit erop dat ze haar verlamming speelde.)

Eudokia had vijf discipelen. Drie daarvan stierven met haar de marteldood, de vierde werd een paar dagen voor **Eudokia**'s dood door haar naar huis gestuurd. De vijfde was bij haar met de arrestatie, maar deze Pelagia werd door God gespaard om te getuigen over het lijden wat haar medezusters hadden doorgemaakt.

Als ascese droeg **Eudokia** zware kettingen om haar middel en verwisselde pas haar kleding wanneer het letterlijk van haar lichaam viel omdat het vergaan was. Ook leidde zij en haar gezelschap een streng gebedsleven. In de morgen begonnen ze om vijf uur te bidden, en soms vanwege zwakte om zes uur. Hierbij lazen ze de Psalmen, het Evangelie, de canons en akathisten. De ochtendregel duurde tot twaalf uur 's middags.

Samen met haar discipelen en bezoekers zong **Eudokia** graag kerkliederen. Ze zongen stichera, troparia en kontakia gewijd aan de Moeder Gods en de heiligen. **Eudokia** hield van het Iveron-icoon van de Theotokos en elke dag zong ze de akathist bij dit icoon. Ze zongen ook vaak het troparion "Van Uw Heilige Icoon."

De cel waar ze woonde had een schoorsteen die vol met gaten zat, maar **Eudokia** weigerde resoluut wanneer men een nieuwe haard wilde laten plaatsen. Ook al was het er tochtig en koud, ze liet het niemand opknappen. Pas om zeven of acht uur 's avonds werd de kachel aangezet en vanaf acht uur werden er stichera gezongen tot middernacht. Vanaf vijf of zes uur begonnen ze weer met zingen, wat duurde tot de middag.

Het leven van **Eudokia** is vergelijkbaar met dat van de oude asceten en ze gaf zich met hart en ziel over aan de ascese van dwaasheid om Christus. Hiervoor ontving ze van God de gave van genezing en helderziendheid. Onder andere voorzag ze haar eigen martelaarschap. Kort voor haar dood, toen ze gewassen werd, zei ze: "Geef me het shirt dat ik voor mijn dood heb klaargelegd" en "ik zal in de herfst een nieuw leven leiden".

Op 16 augustus 1919 arriveerde er een strafdetachement in het dorp Puza. Na een aanklacht tegen het onderbrengen van een deserteur en agitatie tegen het Rode Leger, stormden er soldaten de cel van **Eudokia** binnen en begonnen haar te bespotten. Ze sloegen haar en gooiden de prosfora en olie in haar gezicht die ze in de kast vonden. Een van de soldaten zocht naarstig naar geld bij haar en vertrapte de iconen in haar cel. Nadat hij dit gedaan had werd hij door een rat in zijn hand gebeten. Hierdoor werd hij zo woedend dat hij samen met zijn kameraden **Eudokia** de hele nacht door mishandelde.

De volgende dag, op zondag, begonnen ze alles uit haar cel te gooien. Ze gingen door met het vertrappen van de iconen en gooide deze daarna naar buiten. De boeren namen de iconen mee naar de kerk, waarbij het icoon van de Moeder Gods van Iveron begon te stralen.

De mooie spullen werden door de soldaten meegenomen en de minder goede dingen konden andere mensen meenemen. Terwijl ze met het uitzoeken van de bezittingen bezig waren, bleven ze **Eudokia** mishandelen. Dit alles hield aan tot maandag. Een van de soldaten deed niet mee aan de mishandelingen en aan hem vroeg **Eudokia** of hij een priester voor haar wilde halen om de Eucharistie van te ontvangen. Deze werd gehaald en de biecht werd bij haar afgenomen waarna ze de Eucharistie ontving.

Kort daarna werd **Eudokia** vanuit haar cel naar het executieterrein geleid, samen met de zusters Daria Slushinskaya, Daria Timolina [of Timaguia], en Maria [geen achternaam bekend, ze is heilig verklaard als Maria van Diveyevo (26 augustus)].

Gevieren liepen ze het einde van hun aardse bestaan tegemoet, biddend met een gebedssnoer in de hand. De gezichten van de martelaressen waren zo mooi dat het onmogelijk was om naar ze te kijken.

Met hun blik naar de kerk gericht spraken ze een gebed uit, waarop ze opnieuw geslagen werden. Een ongelovige man genaamd Ivan Anisimov zag op dat moment een witte duif op hun schouders zitten. Waar de soldaten ook sloegen, de duif streek er neer en de slagen landen daarop.

Drie mannen genaamd Peter, Ivan en Makarios probeerden de vrouwen te verdedigen, maar werden hierom gegeseld. **Eu-**

dokia, die dit zag zei: "Kijk, de zonden van Makarios vallen weg als bladeren van een bezem in een badhuis, terwijl ze hem slaan omwille van mij". Een van de andere mannen zei later dat hij geen pijn voelde toen de soldaten hem sloegen.

De vrouwen werden meegenomen naar de executieplaats, waar een graf was gegraven. Ze plaatsten hen elk bij een kruis. De eerste soldaat weigerde te schieten, dus een ander nam zijn plaats in. **Eudokia** was de eerste die werd gedood. Toen ze stierf, zagen veel getuigen wat leek op een kelk of een prosphora die de lucht in steeg. Maria werd niet onmiddellijk gedood door geweervuur en werd vervolgens met een bajonet doorboord. Ze begroeven allen zonder kisten. De soldaten waren van plan hun lichamen in het graf te gooien, maar een man sprong erin en bedekte hun gezichten met zakdoeken.

Op 18 augustus 1919 stierven deze dappere martelaressen. Soldaten hadden de opdracht om hun lichamen te bewaken, om te voorkomen dat er begrafenisrituelen uitgevoerd konden worden. Toch zag men brandende kaarsen bij het graf en de zon die scheen boven **Eudokia**'s cel kort voor haar executie. De heilige Maria Ivanovna van Diveyevo (26 augustus) zei vaak dat men het graf van **Eudokia** moest bezoeken, omdat daar de engelen onophoudelijk zingen.

Er is een verhaal bekend van een vrouw die naar een herdenkingsdienst bij het graf ging. Toen ze aan kwam lopen zag ze een diaken die het graf aan het bewieroken was. Deze was echter verdwenen toen ze dichterbij kwam. Later arriveerde de diaken van de parochie met andere mensen voor de dienst.

Er zijn andere getuigenissen van wonderen die zich voor hebben gedaan bij hun graven. Na hun heilig verklaring werden de relieken van de heilige **Eudokia** en haar discipelen Daria, Daria en Maria opgegraven. Deze werden te rusten gelegd in de Ontslapenis-kerk in Suvorovo (voorheen Puzo).

Maria Ivanova van Diveyevo

26 augustus

Net als Eudokia (5 augustus) werd **Maria** geboren in een boerenfamilie en was ze was veel in de kerk te vinden. **Maria** hield zich niet bezig met uiterlijke schoonheid en kleedde zich in gescheurde jurken die door anderen waren weggegooid. Al in haar kindertijd zocht **Maria** de eenzaamheid op om te bidden. Op de vraag waarom ze bekend stond als "Ivanovna", antwoordde **Maria**, die eigenlijk Zakharovna heette: "Wij allen zijn Ivanovny, oftewel kinderen van de heilige Johannes de Voorloper."

Op jonge leeftijd verloor ze haar beide ouders; haar vader stierf toen ze 13 jaar oud was en een jaar later volgde haar moeder. Hierna zwierf ze als wees op straat rond tussen Sarov en Diveyevo. Ze zag vaak het klooster van de heilige Serafim in Diveyevo voor haar geestesoog, hoewel ze er zelf nooit was geweest.

Een keer tijdens de Passieweek, ploeterde ze door overstroomde, onbegaanbare wegen om bij Sarov te komen. Hoewel het water, gemengd met aarde en sneeuw tot aan haar knieën stond, weigerde ze het aanbod om met een voorbijganger mee te rijden op een door paarden getrokken kar.

Voordat **Maria** zich in Diveyevo vestigde leefde ze 40 jaar onder een brug, onophoudelijk in gebed. In de zomer leefde ze in de bossen. Op een gegeven moment zat haar lichaam onder de teken en wonden die aan het etteren waren.

Het vaakst was **Maria** te vinden in het Serafim-Diveyevo-klooster. Ze was geliefd bij sommige zusters, welke haar schone kleding gaven om in plaats van haar vodden te dragen. Uiteindelijk kwam ze dan weer vuil en onverzorgd terug. Er waren veel zusters die haar niet begrepen en klaagden bij de dorpsagent, zodat deze hen zou bevrijden van deze zwerfster. De agent nam **Maria** mee, maar kon niets met de vrouw aanvangen vanwege haar dwaasheid, dus liet haar weer gaan.

De heilige werd op de dag dat de heilige Paraskeva van Diveyevo (22 september) stierf door de monialen het klooster uitgejaagd en geboden niet meer terug te komen, anders dreigden ze hun toevlucht te nemen tot de politie. De gezegende zei hier niets op, draaide zich om en vertrok.

Voordat de kist met het lichaam van de heilige Paraskeva de kerk binnen werd gebracht, kwam een boer naar het klooster en zei verontwaardigd: "Waarom heb je een dienares van God uit het klooster verdreven?! Ze heeft me net mijn hele leven en al mijn zonden verteld. Breng haar terug naar het klooster, anders raak je haar voor altijd kwijt!" Vanwege deze blijk van heiligheid haalde de zusters **Maria** weer terug naar het klooster.

Maria sprak snel en veel, dit deed ze soms in versvorm en soms in obsceniteiten. Hierin lagen veelal profetische aanklachten verscholen. Dit gebeurde vooral na 1917. Om de moniale een hart onder de riem te steken, omdat ze de jaren van atheïsme, beproeving, kampen en ballingschap voorzag, voorspelde ze de wedergeboorte van het Heilige Serafim-Diveyevo-klooster.

Na de eerder genoemde executie op Eudokia (5 augustus) en haar drie medemartelaren, zei **Maria** dat het dorp Puzo drie keer zou branden, en "Daar branden de vodden van Dunina [bijnaam Eudokia], haar bloed brandt uit!" En inderdaad, op de derde dag daarna woedde er een brand. Vooral het huis van de vrouw die Eudokia's eigendommen had geroofd stond in lichte laaien. In de herfst van 1919 brandde het dorp Puzo, zoals voorspeld, drie keer af. **Maria** schold de inwoners van Puzo uit:

"Verraders! Waarom hebben ze Dunya verraden?! Om deze reden zullen ze door God worden gestraft!"

In een ander verhaal vertelden de monialen dat in de nacht van 4 op 5 juli 1918, waarop de Romanov tsaarfamilie de marteldood stierven, **Maria** zeer geagiteerd was en schreeuwde: "Ze steken de prinsessen met bajonetten!" Pas veel later werd duidelijk waar ze over schreeuwde.

Tijdens de revolutionaire jaren kwam er een stroom van mensen naar het klooster op gang. De heilige dwaas hielp mensen door middel van gebed en profetieën, welke hen hielpen om te ontsnappen aan gevaar. Hierop startte de Sovjetautoriteiten een vervolgingscampagne tegen **Maria** en het werd haar verboden om bezoekers te ontvangen.

Op een dag kwam een zekere dame uit Murom naar de gezegende. Zodra ze binnenkwam, zei **Maria** tegen haar: "Dame, u rookt als een man." De vrouw rookte al vijfentwintig jaar lang. Ze begon toen plotseling te huilen en zei: "Ik kan gewoon niet stoppen, ik rook 's nachts en vóór de mis." **Maria** gebood haar de tabak in de oven te gooien. De vrouw pakte een elegant sigarettendoosje en lucifers en gooide het allemaal in de oven. Een maand later kwam in het klooster een brief binnen van de vrouw, samen met een jurk die ze uit dankbaarheid had genaaid. Ze schreef dat ze niet eens aan roken dacht: haar verslaving was wonderbaarlijk genezen.

Een moeder vroeg via **Maria** over haar zoon, omdat zijn huwelijk niet goed verliep en ze zich grote zorgen maakte. De gezegende antwoordde: "Hij is een asceet, hij zal kettingen dragen." De moeder was verontwaardigd over haar antwoord. Maar na enige tijd werd de zoon gearresteerd en in het kamp werd hij ernstig ziek en stierf. Toen begreep ze haar opmerking over "ketens".

Rimma Ivanovna Dolganova leed aan demonische bezetenheid, wat tot uiting kwam in het feit dat ze voor het heiligdom viel en de communie niet kon ontvangen. Nadat ze **Maria** om een zegen vroeg om het klooster binnen te gaan, vroeg Rimma hoopvol: "Zal ik beter worden?" Daarop antwoordde **Maria**: "Voordat je sterft, ben je vrij". Diezelfde nacht werd Rimma Ivanovna ziek van roodvonk. Voordat ze naar het ziekenhuis ging zei ze dat ze niet meer zou terugkeren. Ze stierf kort daarna, maar niet voordat ze inderdaad was genezen van demonische bezetenheid.

Een moniale had eczeem op haar handen. Ze was drie jaar lang behandeld door de beste artsen, maar er kwam geen verbetering. Inmiddels voelde ze zich zo moedeloosheid dat ze het klooster wilde verlaten. Toen ze bij **Maria** kwam, bood deze aan om haar handen met olie uit een lamp te zalven. De moniale was bang omdat de artsen dit hadden afgeraden, maar gezien haar geloof in de door God gegeven gaven stemde ze in, en na twee keer verdwenen zelfs littekens van wonden.

In 1927 werd het klooster gesloten en vond **Maria** onderdak in de huizen van gelovige mensen. Zoals verwacht had ze geen goed woord over wat betreft de nieuwe machthebbers: "Toen Nikolashka [tsaar Nikolaas II] regeerde, waren er ontbijtgranen en pap! Hoewel Nikolai een 'dwaas' was, kostte brood een stuiver! Nu is er een nieuw regime en zijn we allemaal hongerig…"

Na de sluiting van het klooster leefden de monialen in de wereld, verspreid over meerdere dorpen. Toch probeerden ze hun geloftes zoveel mogelijk na te leven. In die tijd voorspelde **Maria** hoe lang sommige van hen in de gevangenis zouden verblijven, en tegen een moniale genaamd Serafima voorspelde ze dat deze op een dag weer in het Diveyevo-klooster zou wonen. Aan moeder Nikodima gaf **Maria** twaalf snoepjes met de boodschap dat Nikodima op een dag weeskinderen zou grootbrengen. Ook dat kwam uit, en jawel, het waren er twaalf.

In 1925 werden mensen niet langer toegelaten tot het klooster. Alexandra (toekomstige schema-moniale Domnika) was zeventien jaar en ze wilde heel graag het klooster binnengaan. **Maria** woonde toen in een armenhuis, en moniale Claudia, de oudste zuster in het armenhuis, bracht Alexandra naar de gezegende. **Maria** keek haar aan en zei lachend: "Eerst op een kruk, en dan naar een klooster! Naar een streng klooster!" Niemand begreep haar uitspraak op dat moment, maar deze woorden bleken een nauwkeurige voorspelling te zijn. Nadat het klooster in 1991 werd heropend, had Domnica namelijk een tonsuur gekregen. Inmiddels op hoge leeftijd, liep ze met een stok (kruk). Toen ze in het klooster een tonsuur kreeg volgens het schema, werd het inderdaad een 'streng klooster'.

Vera Lovzanskaya ging voor haar vertrek naar Centraal-Azië naar **Maria** om afscheid te nemen en een zegen te vragen. Vera vertrok vroeg in de ochtend, want Diveyevo was zestig kilometer lopen. Onderweg passeerde een man op een slee met paarden, die een lift aanbood naar Diveyevo. Onderweg in een taverne dronk hij iets teveel, waardoor de slede telkens van de weg geraakte. Op de een of andere manier wist het paard zich uit de sneeuw te redden en reed vervolgens feilloos naar het huis waar **Maria** woonde.

De dorpsraad hield toezicht op het huis waar de gezegende woonde. Het ontvangen van mensen werd gevaarlijk, zowel voor de eigenaren van het huis als voor **Maria** zelf. Bezoekers kwamen 's nachts naar haar toe, via de moestuinen. De autoriteiten kregen hier lucht van en arresteerden de heilige op 25 mei 1931 en ondervraagde haar uitvoerig.

De aanklacht luidde dat **Maria** lid zou zijn van een monarchistische contrarevolutionaire organisatie, die monialen in haar appartement ontving en bijeenkomsten hield met als doel het omverwerpen van het Sovjetregime. Tijdens het verhoor bleef **Maria** in een gelukzalige staat van zijn. Ze beantwoordde de vragen van de onderzoeker en zei dat ze inderdaad mensen ontving in huis en op thee trakteerde. Blijkbaar gedroeg ze zich verder zoals vanouds, want haar ondervragers lieten haar weer snel vrij omdat ze dachten dat ze krankzinnig was.

Voor haar heengaan had **Maria** aan haar kamergenoot gezegd dat deze niet zou meemaken dat ze ontsliep. Ook vertelde ze aan alle zusters die dicht bij haar stonden hoeveel kathisma's ze vóór de veertigste dag over haar zouden lezen, en dit alles ging precies in vervulling.

De zusters van Diveyevo herinnerden zich dat de dwaas om Christus genaamd Onesimus erg gelukkig was terwijl **Maria** stervende was. De dwaas Onesimus woonde in het klooster en noemde zichzelf van het vrouwelijke geslacht, oftewel een 'zij'. Hij was goed bevriend met **Maria**, en zijn zuivere ziel voelde aan dat haar ziel voorbestemd was voor de eeuwige verblijfplaatsen.

Op 8 september 1931 ontsliep **Maria**. Ze werd begraven op de begraafplaats van het dorp. Op 14 september 2004 werden haar relieken opgegraven en overgebracht naar het Serafim-Diveyevo-klooster, waar ze naast de heilige Pelagia en Paraskeva begraven ligt.

Alexis Voroshin

12 september

Dit keer begint het levensverhaal van een heilige dwaas met het leven van een andere heilige. We stippen namelijk eerst even het leven aan van de heilige Simon van Yuryevets (4 november), zogezegd de blauwdruk voor het pad van de heilige dwaas **Alexis** Voroshin waarover deze tekst gaat.

Simon woonde in het Russische dorp Elnat. Hij werd op een dag vanuit het bos meegebracht, waarna hij dorpelingen kosteloos begon te helpen. Sommige dorpelingen lachten hem uit, bespotten hem en sloegen hem soms zelfs. Zoals we vaker lezen verdroeg Simon alles gedwee, en accepteerde hij nederig elke mishandeling. De Heer schonk hem de gaven van helderziendheid en het verrichten van wonderen. Door Simons gebeden werden branden geblust, zieken genezen en drenkelingen gered.

Maar voor nu even genoeg over Simon...

In de buurt van Elnat lag een ander dorp, genaamd Kaurchikha. Daar werd in 1886 **Alexis** in het vrome gezin van kerkmeester Ivan en diens vrouw Eudokia geboren. Van jongs af aan vereerde **Alexis** de heilige dwaas Simon met grote vurigheid. Gedurende zijn jeugdigde jaren zou dat vuur aan blijven, terwijl hij in het boerenleven opgroeide van arbeid en gebed.

Op een dag bereikte hij de huwbare leeftijd, dus werd er een jonge vrouw gevonden voor hem. Gevoelig als hij was, bemerkte **Alexis** echter dat er een culturele verschuiving plaatsvond in het land. Tenslotte was het de vooravond van zowel de eerste wereldoorlog als de revolutie, en spoedig zou de storm van geweld het christelijke fundament van de Russen flink op de proef stellen. Wat voorheen immoreel werd bevonden, scheen nu genormaliseerd, en **Alexis** zag hoe zijn toekomstige vrouw zich allesbehalve voorbeeldig gedroeg. Ze bezocht dubieuze dansfeestjes waar jongeren samenkwamen, en ze weigerde hiermee te stoppen toen **Alexis** haar dit vroeg. Hij zag de bui al hangen als ze zijn vrouw zou zijn, dus besloot hij de bruiloft uit te stellen.

Deze beslissing vormde een definitief keerpunt. Van uitstel kwam in dit geval inderdaad afstel. In plaats van te gaan trouwen trok **Alexis** naar een klooster waar hij een jaar als novice bleef. Daarna bouwde hij een cel thuis in een moestuin. Jarenlang bracht hij in eenzaamheid en gebed door, in zijn cel of elders.

De lokale bevolking had **Alexis** benoemd tot voorzitter van de dorpsraad, uit respect voor zijn heilige levensstijl en nederige karakter. **Alexis** accepteerde dit ten dienste van God. Al snel werd er echter een nieuwe voorzitter van de dorpsraad 'van bovenaf' naar het dorp gestuurd en **Alexis** zette zijn eerdere ascetische leven ongehinderd voort. Er wordt niets gezegd over zijn reactie, maar in veel heiligenlevens lees je dat asceten helemaal niet zitten te wachten op bepaalde wereldse baantjes of machtsposities met vele verantwoordelijkheden. Sommigen worden zelfs met enige dwang tot bisschop gewijd.

In 1928 verliet **Alexis** zijn cel en begon met de geveinsde dwaasheid ter wille van Christus. Hij woonde waar hij maar kon, droeg vodden, en niemand wist waar hij sliep. Zijn gedrag werd steeds vreemder, waardoor niet iedereen even goed kon volgen wat hij deed. Tijdens het zaaiseizoen liep hij bijvoorbeeld met een stok naar het veld en liep op en neer, terwijl hij met zijn stok iets leek op te meten. De boeren scholden hem uit en joegen hem weg omdat het de drukste tijd van het jaar was en hij in de weg liep. Maar **Alexis** bleef de hele tijd van alles opmeten. Enige tijd later begonnen de autoriteiten met geweld collectieve boerderijen op te zetten, waarbij het eerdere meten van **Alexis** plotseling pijnlijk herkenbaar oogde.

Meer profetische capriolen volgden. Zo bezocht hij poedelnaakt de huizen van enkele schoenmakers. Verbijsterd sloegen de dorpelingen zijn waanzinnige gedrag gade. De puzzelstukjes vielen later op hun plek toen deze schoenmakers op straat werden gezet, met enkel wat ondergoed aan hun berooide lijf.

Een ander gezin ondervond eenzelfde rariteit. Halfnaakt kwam **Alexis** langs (waarbij de vrouw des huizes tegen hem tierde), kleedde zich aan, trok alles op de veranda weer uit, en vertrok. Ook dit gezin stond later in hun ondergoed buiten, zonder toestemming van de autoriteiten om wat kleding te behouden.

Zijn zus was oplettender dan deze mensen. Toen **Alexis** haar kwam opzoeken zocht hij van alles en nog wat bij elkaar tussen haar spullen, en legde deze dingen op de tafel. Eenmaal klaar met deze raadselachtige maar doelgerichte bezigheid vertrok hij. Zijn zus verborg daarna elk voorwerp, en kwam er achter dat juist deze spullen niet werden geconfisqueerd bij een latere inval.

In een andere anekdote spelen de atheïstische autoriteiten opnieuw een rol. Hoewel hij niet rookte, liep **Alexis** op een dag rokend de kerk in, met een hoed op en de handen achter zijn rug. Normaliter natuurlijk ondenkbaar in een kerk. De heilige dwaas reageerde op geen enkele uiting van verbazing, liep met een arrogante blik rond in de kerk, waarna hij de benen nam. Later liepen enkele cynische gezagvoerders op dezelfde manier door de kerk, met het plan er een nachtclub van te maken.

De heilige dwaas deed ook profetieën op nationale schaal. Zo voorspelde **Alexis** dat er een tijd zou komen waarin bijna alle kerken in Rusland gesloten zouden zijn. De Heer zou een zware straf sturen, een ware oorlog. Veel mensen zouden ontwaken, en sommige kerken zouden weer open zijn. Dat zou echter niet blijven duren, want in de jaren 1960 brak er een nieuwe golf van vervolgingen uit. Autoriteiten sloten opnieuw de kerken en alle ware gelovigen werden wederom in de ellende gestort.

Vlak voor zijn einde, ergens in 1937, vroeg **Alexis** aan zijn zwager of deze op zijn begrafenis zou komen. De verbaasde zwager begreep er niets van, omdat **Alexis** nog fit en sterk was. Ook zijn zus snapte niets van zijn opmerkingen. De dag erna werd de heilige dwaas echter gearresteerd. Ze stopten **Alexis** in een cel met zware criminelen. Hij bad dag en nacht, niemand zag hem slapen, en hij deelde zijn eten uit aan de gevangenen. Er was—zoals vaker in die tijd—geen enkel bewijs tegen hem, alleen het feit dat hij christen was. Om hem te laten getuigen, plaatsten ze hem met zijn blote voeten op een hete kachel. Hij bekende geen enkele schuld en onderging moedig de kwellingen.

De hoofdinspecteur werd nieuwsgierig naar deze bijzondere gevangene en ondervroeg hem. Hij beschimpte **Alexis** door te zeggen dat anderen hem een heilige noemde. Zoals te verwachten erkende **Alexis** dit, waarbij hij zijn zondigheid benadrukte. Of onbedoeld bleu of welwillend onnozel zei de hoofdinspecteur dat dit klopte, dat heiligen geen misdaden zouden begaan en **Alexis** met een reden gevangen zat. Op de vraag waarom hij hier zat, antwoordde de heilige dat het de wil van God was.

"Maar waarom ben je hier met mij aan het praten, terwijl er bij je thuis een tragedie voltrekt?", vroeg **Alexis** na een korte stilte. Hoewel in eerste instantie onnozel grijnzend, trof de inspecteur thuis zijn vrouw aan die zich had verhangen. De man zag berouwvol in dat **Alexis** wel degelijk een man van God was en bedacht hoe hij de heilige kon bevrijden. Dit bleek te laat; **Alexis** stierf kort na hun ontmoeting in het gevangenisziekenhuis.

Jozef van Zaonikiev

21 september

Waar **Jozef** geboren werd, is niet helemaal duidelijk. Waarschijnlijk in het dorp Obukhovo Kubensk, aangezien er geschreven wordt dat hij daar uiteindelijk boer werd. In ieder geval werd hij geboren als Hilarion op een onbekende dag in 1529.

Vooral belangrijk is deze datum die wél bewaard is gebleven: 23 juni 1588. De dag waarop de heilige Kosmas en Damianos, de barmhartige broers die nooit betaling vroegen voor hun genezingen, Hilarion wonderbaarlijk een icoon van de Moeder Gods aanreikten. Vanaf zijn vijftiende had Hilarion last van een oogaandoening, en na het vereren van de wonderbare icoon van de Moeder Gods werd zijn blindheid genezen.

Daar, op een moerasachtig gebied in het bos, de plek die Kosmas en Damianos hadden aangewezen in een visioen, begon Hilarion alles weg te snoeien en te kappen. Met de hulp van dorpsgenoten maakte hij plaats voor een kruis en een kapel waarin de wonderbaar aangereikte icoon werd geplaatst. Zelf betrok hij een cel in de nabijheid en ontving de monastieke tonsuur onder de naam **Jozef**.

De bisschop van Vologda gaf zegen om een klooster te bouwen op de bijzondere plek in het bos. Het kreeg de naam Zaonikiev, omdat het voorbij het Anikiev-bos lag [*za* betekent voorbij]. Dat bos werd op zijn beurt zo genoemd omdat er ooit een rover met de naam Anika had gewoond. Weldra groeide het aantal monniken dat erin woonde. Om zich te kunnen richten op strenge ascese, weigerde **Jozef** zelf leiding te geven. Liever gedroeg hij zich als dwaas om Christus. Zijn ascese behelsde onder meer op blote voeten lopen, evenals het dragen van een ruw harenkleed op zijn lichaam. Dit prikte dusdanig dat het bloed langs zijn benen stroomde. Staande in de kapel bad hij urenlang voor de icoon die hem was geschonken.

Het klooster kreeg veel te verduren van omwonende boeren die dachten dat de monniken hun land zouden inpikken. De monniken mochten niet over hun land trekken, evenmin hun vee, en ze werden soms zelfs met de dood bedreigd. De situatie escaleerde zozeer dat de hegoumen om bescherming vroeg van de tsaar. Hoewel ontzet door alle haat jegens zijn klooster, bleef **Jozef** de boze boeren met deemoed en liefde benaderen. Hij verdroeg alle bedreigingen en scheldpartijen daarbij met engelachtig geduld. Eenmaal terug voor zijn geliefde icoon bad hij voor ieder van hen.

Hoe ruw en getroebleerd zijn leven als monnik ook was, bereikte **Jozef** een hoge leeftijd. Op 21 september 1612 ontsliep hij. Vlak daarvoor had hij gevraagd om zijn lichaam te begraven op de plek waar Kosmas en Damianos de icoon hadden gegeven. Dit werd respectvol uitgevoerd, waarna de broeders herdenkingsdiensten boven het graf zongen.

Nu denk je vast dat dit een nogal kort verhaal is, wat niet waar is. De verering maakte namelijk een lange reis van vele decennia...

Aan het einde van de zeventiende eeuw werd de kapel van **Jozef** afgebroken, en het graf werd ontdaan van versieringen en eerbied. Zo belandde de heilige in de vergetelheid, net als wat hij fysiek had opgebouwd vergeten werd.

Uiteraard vergat niet iedereen hem. Een monnik probeerde de kapel terug op te bouwen, waarbij hij uit angst voor represailles geen dak en deuren toevoegde. Evenmin durfde hij het graf te versieren. Snel daarna vond het eerste wonder plaats. Het klooster en de kerk vatten vlam, het kapelletje werd wel degelijk omgeven door vlammen, maar zoals het braambos uit Exodus 3:2 bleef het intact. Hoewel wonderbaar, werd ook dit weer vergeten. **Jozef** idem dito.

Een ijverige penningmeester van het klooster herstelde de kapel weer in de eerdere glorie. Een zoveelste conflict met de omwonende boeren maakte echter dat de kapel afbrandde. Vele jaren later poogde iemand de kapel op te bouwen. Helaas leek het echter meer een kot dan een kapel, zonder ramen en deur. Toch voltrok zich hier een volgend wonder. Tijdens een feest in het klooster sliepen sommige mensen in het bouwwerk. Een vrouw gilde plotseling midden in de nacht dat ze was geslagen met een stok, "omdat ik op zijn voeten lag!". Iedereen verwonderde zich om dit voorval, omdat niemand het had zien gebeuren. Daarna sliep iedereen verder, de eervolle gedachtenis aan **Jozef** bleef met hen in de sluimer.

Aan het begin van de achttiende eeuw kwam er eindelijk verandering. Paulus, de toenmalige bisschop van Vologda, hoorde over het wonderbare icoon en de werken van **Jozef.** Deze zorgde voor een viering van de heilige en zorgde dat er een nieuwe, degelijk gebouwde kapel werd opgericht. Verder werd het graf opnieuw met eerbied versierd. Daarbij werd het harenkleed gevonden dat allerlei wonderen teweegbracht. Mensen kwamen de heilige weer vereren.

Vele wonderen vonden daarna plaats, waaruit onderstaande slechts een greep is.

Zo werd een priester uit Vologda bestraft met blindheid, omdat hij **Jozef** met beledigingen had verworpen als heilige. Hij had zelfs vuilbekkend over de wonderen gesproken. Na een oprechte biecht en vergeving te hebben gevraagd aan de heilige, kwam zijn zicht terug.

Een ander wonder rondom blindheid is die bij een meisje uit Vologda. De arme Irina had dertien jaar last van hoofdpijn en een raadselachtige oogziekte die volgens dokters zou zorgen voor totale blindheid. Ze brachten Irina naar het klooster en drukte het harenkleed tegen haar ogen. Na te hebben gevoeld hoe iets uit haar hoofd verdween, viel ze in slaap. Inderdaad bleek ze volledig genezen bij het wakker worden.

De aan zijn benen en armen verlamde David werd in de nacht achtergelaten bij het graf van **Jozef**. Voordat hij in slaap viel gebood een stem hem op te staan. David krabbelde niet eens op maar sprong zelfs overeind alsof hij nooit verlamd was geweest, en verbaasde iedereen toen hij de kerk in liep. Hij zou het klooster daarna nooit meer verlaten.

Ook Eudokia werd genezen van haar verlamming. In een droom zag ze de heilige **Jozef** met een stok en een lange baard. Hij gebood haar op te staan, de Theotokos om hulp te vragen, en naar het klooster te gaan. Beduusd wierp ze tegen dat lopen niet zou lukken. Evenmin wist ze hoe ze het klooster moest vinden. Na enige navigatiehulp en op het hart te drukken dat ze geloof moest hebben, verdween **Jozef**. De angstige Eudokia ontdekte dat ze haar handen kon bewegen, en die ochtend bleek ze geheel genezen. Uiteraard snelde ze zich naar het klooster om, zoals opgedragen, eer te bewijzen aan de icoon van de Moeder Gods.

Ene Maria, de vrouw van een bakker, werd drie jaar getergd door hevige ziekte. Tot overmaat van ramp verweet en mishandelde haar man de arme vrouw omdat ze niet kon helpen in de bakkerij. Vervuld van gevoelens van schuld sleepte ze zich toch naar haar werkplek, waar een monnik de deur in stapte met een icoon van de heilige Maagd op zijn borst. Deze straalde dusdanig dat de bakkersvrouw het gezicht van de monnik niet kon zien. De monnik zei haar om de Moeder Gods icoon te gaan eren in het klooster. Er volgde pijnverlichting na het visioen, waardoor Maria opnieuw haar man kon helpen. Pas bij een tweede visioen, waarbij ze zich plotseling in het klooster bevond, ontdekte ze wie deze mysterieuze monnik was en waar het klooster stond. Maria begaf zich spoedig naar het Zaonikiev-klooster, bad voor de icoon van haar zalige naamgenoot en bij het graf van **Jozef**, en werd compleet genezen.

Verder lezen we over de genezing van een zieke zoon, waarvan de moeder werd bezocht door **Jozef** in een droom.

Tot slot is een dreigende droogte opgetekend in 1717, waarvan bewoners van Vologda werden gered na het gebed tot de heilige **Jozef**. De eerder genoemde bisschop Paulus bad vurig, waarna regen uitbrak. Als dank liet hij een icoon van **Jozef** schilderen welke bij diens graf werd geplaatst. Sindsdien wordt **Jozef** naar behoren geëerd.

Na de revolutie probeerden bolsjewieken het klooster op te eisen, maar werden verdreven door boeren uit de omliggende dorpen. Helaas werd het klooster later alsnog volledig verwoest. Vandaag zijn er enkel ruïnes te vinden van deze parel in het bos.

Paraskeva van Diweyevo

22 september

Voor onze volgende heilige blijven we in Rusland, maar gaan we terug in de tijd. **Paraskeva** werd geboren in het dorp Nikolskoye als Irina. Haar exacte geboortedatum is onbekend, maar wordt geschat tussen 1795 en 1807. Irina was de dochter van Ivan en Daria, lijfeigenen van een adellijke familie van Bulygin. Naast haar telde het gezin drie zonen en twee dochters.

Op 17-jarige leeftijd werd Irina tegen haar zin door haar meester uitgehuwelijkt aan de boer Fjodor. Bij haar meester en haar ouders had ze zich al compleet aan hun wil onderworpen en in haar huwelijk was dit niet anders. Irina werd een voorbeeldig huisvrouw en modelechtgenote. Ze was nederig en had een liefde voor arbeid en kerkdiensten. Haar nieuwe familie hield van haar vanwege haar zachtaardige karakter, ijver en toewijding aan de kerk. Irina hield zich verder verre van werelds vermaak zoals dorpsfeesten en sociale bijeenkomsten.

In hun huwelijk van vijftien jaar kwamen geen kinderen, en na deze periode verkochten de Bulygins hun horigen, waaronder Irina en Fjodor, aan Duitse landeigenaren, eigenaren van het dorp Surkot. Nog eens vijf jaar later overleed haar echtgenoot aan tuberculose. Later werd er eens aan haar gevraagd hoe haar man was, hierop antwoorde ze: "hij was net zo dwaas als ik."

Haar meesters namen haar in dienst als kok en boekhouder en probeerde haar meerdere malen uit te huwelijken, maar dat weigerde ze. Ze zei dat zelfs als ze dreigde om haar te vermoorden ze nooit meer zou trouwen, dus lieten ze haar met rust. Kort daarna ontdekte haar meesters een diefstal van eigendommen. De bedienden wezen onterecht Irina als dader. Hierop werd ze op bevel van de maarschalk (aangespoord door haar meesters) ongenadig geslagen, zo onmenselijk bruut dat ze haar schedel braken en haar oren scheurden. Zelfs onder deze mishandelingen bleef ze volhouden dat ze de spullen niet had gestolen.

Vervolgens werd een plaatselijke waarzegster erbij gehaald, die vertelde dat de eigendommen waren gestolen door een vrouw genaamd Irina, maar niet door deze Irina, en dat ze in de rivier te vinden waren. Ze gingen op zoek en vonden de gestolen spullen inderdaad op de plek die de waarzegger had genoemd.

Nadat Irina de mishandelingen had ondergaan, liep ze weg van haar meesters en ging op bedevaart naar Kiev. Tijdens haar pelgrimstocht ontmoette ze verschillende ouderlingen en dit veranderde haar innerlijke staat. Ze besloot de wereld te verlaten en haar gehele leven aan God te wijden. Door het onrechtvaardige lijden wat haar was aangedaan, was ze zicht zeer bewust van het lijden van Christus en Zijn genade. Ze verlangde dat God in haar hart zou leven. Ze ontving het tonsuur en de naam **Paraskeva**. Ze zou zichzelf echter vooral Pasha (laten) noemen.

Ondertussen hadden haar meesters haar als vermist opgegeven en een half jaar later werd ze door de politie gevonden. Deze stuurde haar terug per konvooi. Haar reis terug was een lange martelgang. Niet alleen door honger en intense kou, maar ook door de soldaten die haar mishandelden. Even ruw werd ze door haar mannelijke medegevangenen behandeld.

Na terugkomst besloten haar eigenaren **Paraskeva** te vergeven, mede vanwege de onterechte straf die aanleiding had gegeven voor haar vlucht. Een jaar lang werkte ze als tuinier. Daarna liep ze weer weg. Ditmaal vonden ze haar een jaar later pas terug en wederom werd ze per konvooi teruggestuurd. Deze keer kleedden haar meesters haar uit, waarna ze haar op straat gooiden, zelfs zonder een stuk brood. Ze verboden haar tevens terug te keren.

Hoewel als straf bedoeld, bleek dit juist Gods voorzienigheid om haar onder het juk van slavernij uit te halen. Ook **Paraskeva** zag dit als teken dat de tijd was gekomen om de zegen die ze van de ouderlingen gekregen had te vervullen. Vijf jaar lang zwierf ze, zich gedragend als een dwaas, door de straten van het dorp. Het gehele jaar bracht ze buiten door. Ze verdroeg hitte, sneeuw en honger. Een spotfiguur werd ze, niet alleen voor kinderen maar voor alle boeren uit de omgeving.

Later woonde **Paraskeva** in de bossen van Sarov en bracht ongeveer dertig jaar door in een zelf gegraven grot. Soms bezocht ze Sarov en Diveyevo, en werd vaak gezien bij de Sarov-kloostermolen, waar ze kwam werken.

Paraskeva begon door haar leven van ascese, vasten en gebed op de heilige Maria van Egypte (1 april) te lijken. Ze was mager, had een donkerbruine huid, en droeg kort haar. Ze liep op blote voeten, gekleed in een mannelijk kloosterhemd. Toen ze in het klooster verscheen, boezemde haar aanwezigheid angst in bij degenen die de verwilderde vrouw nog niet kenden. De mensen begonnen haar echter langzaam aan te zien als lichtpunt in de duisternis en wendde zich tot haar voor advies en vroegen om haar voorspraak in gebed.

Op een dag reden er een paar Tartaren, na een kerk beroofd te hebben, voorbij het bos waar **Paraskeva** woonde. De heilige kwam uit het bos en schold hen uit. Hierop sloegen ze haar halfdood en braken haar schedel. De Tartaren vertelden dit voorval in Sarov aan de gastenmeester. Deze begreep direct dat dit **Paraskeva** moest zijn en snelde op zijn paard naar haar toe. De wonden van de mishandeling genazen, maar haar hoofdhaar groeide ongelijkmatig terug, zodat haar hoofd altijd jeukte.

Later werd ze door enkele mannen die haar wilden beroven aangevallen. Ze werd in een plas van haar eigen bloed gevonden en was een jaar lang ziek. De mishandeling was zo hevig dat ze voor de rest van haar leven voortdurend last had van hoofdpijn en pijn in haar borst, maar hier besteedde ze nauwelijks aandacht aan. Af en toe hoorde men haar zeggen: "Ach, Mama, wat doet het pijn! Wat ik ook doe, Mama, de pijn in mijn borst gaat niet weg!"

In de tijd dat **Paraskeva** nog in het bos woonde bezocht ze vaak de heilige Pelagia van Diveyevo (30 januari). Op een dag sprong Pelagia plotseling op uit haar slaap, alsof iemand haar had gewekt. Ze rende naar het raam en leunde half naar buiten om in de verte te turen. Bij de kerk ging de poort open en **Paraskeva** liep, mompelend tegen zichzelf, naar binnen, recht op Pelagia af. Ze liep dichterbij en zag dat Pelagia iets zei. Ze bleef staan en vroeg: "Wat is er, *matushka* [intieme term voor 'moeder'], zou ik niet moeten komen?"

"Nee."

"Is het nog te vroeg? Nog geen tijd?"

"Ja!", bevestigde Pelagia.

Hierop boog **Paraskeva** diep voor haar en ging, zonder het klooster binnen te gaan, dezelfde poort weer uit.

Een andere keer keek Pelagia haar lang aan en verklaarde uiteindelijk: "Ja! Je hebt het goed; je hebt niet de zorgen die ik heb: kijk eens naar al de kinderen die ik heb!" Pasja stond op, boog zonder een woord te zeggen en verliet Diveyevo in stilte.

Zes jaar voor de dood van Pelagia verscheen **Paraskeva** opnieuw in het klooster, ditmaal met een pop. Later werden het meerdere poppen die ze verzorgde, voedde, en haar kinderen noemde. Ze bleef nu weken en soms maanden achter elkaar in het klooster en in het laatste jaar dat Pelagia leefde bleef **Paraskeva** er permanent wonen.

In de herfst van 1884 liep ze langs de muren van de kerk en sloeg ze keer op keer op een paal en zei: "Ze zullen sterven, net zoals ik deze paal omver zal werpen; je zult niet eens tijd hebben om de graven te delven!" Deze woorden kwamen al snel uit, nadat Pelagia ontslapen was, stierven na haar zoveel monialen dat de veertigdaagse gebeden een heel jaar lang niet ophielden.

Op een andere keer luidde om twee uur 's nachts de grote kloosterbel, en de monialen waarbij **Paraskeva** woonde dachten dat het een teken van brand was en sprongen geschrokken uit hun bed. **Paraskeva** daarentegen stond met een stralend gezicht op en begon overal iconen neer te zetten en kaarsen aan te steken.

Meerdere keren probeerde men haar naar de cel van de overleden Pelagia te laten gaan, maar ze weigerde en antwoordde dat het verboden was, dat Pelagia het niet zegende. Hierbij wees ze naar de foto van de heilige. **Paraskeva** betrok een aparte cel bij de poort. Het bed dat er stond werd zelden door haar gebruikt omdat haar poppen erop lagen.

Wanneer er iemand bij haar in haar cel sliep, dan eiste ze van diegene dat deze om middernacht opstond om met haar te bidden. Wanneer iemand weigerde maakte ze net zo lang herrie totdat degene haar gehoorzaamde en opstond.

Als nieuwe moniale moest moeder Rafaëlla vaak de nachtwacht houden. Van veraf kon ze de cel van **Paraskeva** goed zien. Elke avond om twaalf uur zag ze er kaarsen branden en de gedaante van **Paraskeva** snel rond bewegen. De ene keer deed ze kaarsen uit om ze vervolgens weer aan te steken. Rafaëlla werd nieuwsgierig en besloot te kijken hoe **Paraskeva** aan het bidden was. Ze kreeg de zegen van een zuster, die met haar de wacht hield, om langs het pad te lopen en ze ging op weg naar het huis van **Paraskeva**. Bij alle ramen waren de gordijnen open, maar elke keer als ze naar binnen probeerde te kijken trok een arm snel het gordijn dicht. Dit gebeurde zelfs op een plek waar het gordijn nooit dicht was.

Een poos later ging Rafaëlla naar **Paraskeva**, die haar ontving en zei: "Bid." Rafaëlla begon op haar knieën te bidden, waarop **Paraskeva** haar zei te gaan liggen. **Paraskeva** begon toen zelf te bidden, ze werd plotseling getransfigureerd, hief haar armen op en tranen stroomden uit haar ogen. Haar benen stonden niet meer op de grond, waardoor het volgens Rafaëlla leek dat **Paraskeva** opsteeg in de lucht.

Paraskeva hield streng toezicht op de dagelijkse aanwezigheid van de zusters in de kerk. Na de Liturgie trok ze zich terug in haar cel, dronk thee en ging daarna aan het werk. Ze spon garen, waarvan door anderen riemen en gebedskoorden van gemaakt werden, of bezigde zich met sokken breien. Wat ze ook deed, het Jezusgebed was altijd op haar lippen.

Op een dag kwam er een pelgrim die aan de cellenbewaakster vroeg of hij **Paraskeva** in haar cel mocht bezoeken. **Paraskeva** was echter druk bezig, dus het verzoek werd geweigerd. Hij bleef maar aandringen en zei dat ze tegen de heilige moest zeggen dat hij net zoals haar was. Het gebrek aan nederigheid verbaasde de cellenbewaakster en ze bracht de woorden over aan **Paraskeva**. Hierop pakte ze haar wandelstok, liep naar buiten en begon met al haar kracht de pelgrim te slaan, terwijl ze uitriep dat hij een zielvernietiger, bedrieger, dief en huichelaar was.

In de laatste tien jaar van haar leven veranderde ze enkele van haar regels. Ze verliet het klooster niet meer en was nooit ver van haar cel vandaan. Ze ging niet meer naar de kerk en ontving de communie in haar cel. Ze volgde de regels en levenswijze die de Heer Zelf aan haar onthulde.

De sikkel waarmee **Paraskeva** onkruid sneed had een grote spirituele betekenis voor haar. Dit werk verschafte haar een voorwendsel om volledig voor Christus en de Moeder Gods te buigen. Ook gebruikte ze dit werk vaak als een analogie wanneer ze ging bidden voor mensen. Vooral wanneer er mensen kwamen, waarbij ze zich niet waardig achtte om te vergezellen, zorgde ze er eerst voor dat ze versnaperingen kregen. Vervolgens boog ze zich voor hun voeten en zei dat ze onkruid ging wieden.

Soms bad **Paraskeva** voor de iconen alsof ze aan de grond genageld stond, dan weer knielde ze (waar ze zich ook bevond, in het veld, in haar kamer of midden op straat) en bad onder tranen. Andere keren vroeg ze luid om de zegen van de Heer bij alles wat ze deed, elke stap, elke handeling. Ze worstelde soms ook met de vijand van de mens, dan begon ze snel te praten zoals

Maria van Diveyevo (26 augustus) deed en was het onmogelijk haar te verstaan. Ook deed ze, zoals gebruikelijk bij meer heilige dwazen, veel profetische voorspellingen, die men eerst niet snapte, en soms pas jaren later begrepen werden.

Op een dag werd ze in de ochtend bezorgd en overstuur wakker. Een edelvrouw kwam haar bezoeken, maar **Paraskeva** zwaaide wild met haar armen en zei haar dat ze weg moest gaan. Ze vroeg haar of ze de duivel niet zag, want deze hakte met een bijl het hoofd eraf. De bezoekster snapte hier niets van, werd bang en vertrok. Al snel klonk het geluid van de bel om het nieuws te brengen dat een moniale was overleden tijdens een epileptische aanval in het ziekenhuis.

Af en toe maakte **Paraskeva** veel ophef wanneer ze door monialen werd bezocht. Ze zei dan tegen hen: "Ga weg, jullie schurken, dit is de kassier." Dit bleken wederom vele jaren later profetische woorden, want nadat het klooster gesloten was, werd haar cel omgebouwd tot een geldbank.

Een andere keer kwam de hiëromonnik Iliodor met een grote processie naar het klooster toe. **Paraskeva** ontving hem en nadat hij was gaan zitten nam ze zijn klobuk (een monastiek hoofddeksel) af samen met zijn kruis en al zijn medailles en onderscheidingen. Deze deed ze allemaal in haar koffer, waarna ze de koffer op slot deed. Hierna vroeg ze om een doos, waar ze een ui in zette. Deze gaf ze water en zei: "Ui, word groot..." hierna ging ze liggen om te slapen. De monnik zat er terneergeslagen bij, want hij moest de vigilie beginnen. De sleutel werd bij de heilige van haar riem genomen en alles werd voor hem uit de koffer gehaald. Een paar jaar later werden haar woorden begrijpelijk, want toen wierp deze man zijn priesterlijke rang af en deed afstand van zijn monastieke geloften.

Paraskeva was zeer gesteld op Dunya (Eudokia, waarover we lazen op 5 augustus), die altijd bij haar was. Hoe zij bij haar terecht is gekomen is waardevol om te delen. Dunya was namelijk door God voorbestemd om bij **Paraskeva** te komen wonen.

Dunya was ongehuwd en had geen monastieke gelofte afgelegd. Op een bepaald moment werd het haar ingegeven om op bedevaart te gaan naar Kiev en op de terugreis stopte ze bij het huis van een koopman die alle pelgrims ontving. In de ochtend riep hij haar en zegende haar met een afbeelding van de Kiev Pechersk Lavra. Hij zei haar dat ze naar Diveyevo moest gaan, waar de gezegende **Paraskeva** haar de weg zou wijzen.

Na een reis van twee weken te voet, waarbij Dunya 322 kilometer had afgelegd, kwam **Paraskeva** naar buiten. Op haar veranda stond ze zuchtend, met haar armen zwaaiend, onderwijl zeggend dat haar dienaar eraan kwam. In de avond na de vigilie kwam Dunya inderdaad aan en rende rechtstreeks naar **Paraskeva**. De senior cellenbewaarder, moeder Serafima, kwam naar buiten en stuurde haar weg. Verder zei ze haar terug te komen na de vroege Liturgie en leidde haar naar de poort.

In de ochtend kwam Dunya naar **Paraskeva** toe. Deze blies het stof weg, spreidde servetten uit op de bank en zette Dunya neer en begon haar thee te serveren. Vanaf dat moment bleef Dunya bij haar en **Paraskeva** vertrouwde haar gelijk alles toe.

Ondanks de vele wonderen die mensen na het heengaan van de heilige Serafim van Sarov (2 januari) hadden gezien, was de ontdekking van zijn relieken en zijn heiligverklaring een uitdaging. Er wordt gezegd dat tsaar Nikolaas II aandrong op zijn heiligverklaring, nadat de heilige zelf aan hem verschenen was in een droom, maar dat bijna de gehele synode ertegen was.

In die tijd vastte **Paraskeva** veertien of vijftien dagen en at ze niets. Aan het einde was ze zo verzwakt dat ze niet eens kon lopen. Om zich te verplaatsen kroop ze op haar handen en knieën. Ergens in de avond kwam Archimandriet Serafim en zei haar dat ze hen de relieken niet lieten openen. **Paraskeva** werd onder begeleiding van moeder Serafima aan één arm en Archimandriet Serafim aan de andere naar buiten gebracht. "Pak gereedschap", zei **Paraskeva**, "Graaf aan de rechterkant. Daar zijn de relieken." Het onderzoek naar de relieken van de heilige Serafim werd uitgevoerd in de nacht van 11 januari 1903.

Toen er besloten werd om Serafim heilig te verklaren, kwamen de tsaar en tsarina met hun vier dochters naar Sarov en Diveevo voor **Paraskeva**. Ze kwamen naar haar toe om te bidden voor een troonopvolger. Met haar poppen voorspelde ze dat Alexei geboren zou worden. **Paraskeva** stond niet toe dat haar kamer opgeruimd werd en terwijl ze hier ruzie over maakte hoorde ze vanachter de deur: "Heer Jezus Christus, Zoon van God, wees ons genadig." Tsaar Nikolaas II en zijn vrouw Alexandra kwamen binnen. Iedereen vertrok, zodat zij met **Paraskeva** alleen waren, maar ze konden niet verstaan wat ze hen zei. Dus moest er iemand bijkomen om als tolk te fungeren. Voordat de tsaar vertrok zei hij dat **Paraskeva** een ware dienares van God was. Overal ontving iedereen hem als een tsaar. Alleen zij behandelde hem als een eenvoudig mens.

Nadat ze bij **Paraskeva** op bezoek waren geweest, gingen ze naar Elena Ivanovna Motovilova die de tsaar een profetische brief gaf, zeventig jaar eerder geschreven door Serafim van Sarov en in bewaring gegeven bij de man van Elena (die reeds overleden was), met de instructie deze brief te geven aan de tsaar die hem heilig zou verklaren. Wat er in stond is nooit volledig openbaard. Aangezien tsaar Nikolaas lijkbleek wegtrok bij het lezen, met een gezicht vol afgrijzen, is het niet lastig te raden dat de brief zijn of zelfs hun bloederige marteldood voorspelde.

Tot het einde van haar leven boog **Paraskeva** altijd voor het portret van de tsaar. Toen ze er niet meer fysiek toe in staat was hielpen mensen haar dit te doen. Mensen vroegen haar verbaasd waarom ze zo tot de tsaar bad.

"Dwazen!" zei ze dan. "Hij zal hoger zijn dan alle tsaren."

In welke hoedanigheid wist ze niet; of een kloosterheilige, of een martelaar. Kort voor haar ontslapen haalde de gezegende het portret van de tsaar van de grond en kuste zijn voeten met de woorden:

"Mijn liefste is al bijna aan het einde."

Paraskeva was getonsureerd in het grote schema*. Hier horen bepaalde gebeden bij, maar doordat ze heel de dag mensen ontving, had ze hier geen tijd voor. Haar monastieke celbewaarder, moeder Serafima, las **Paraskeva**'s hele celregel voor haar voor. Moeder Serafima had een aparte cel in het klooster. Ze leefden beiden als één ziel. Het was dan ook beter om **Paraskeva** dan moeder Serafima te beledigen. Als je dit laatste namelijk deed, kon je beter uit de buurt van **Paraskeva** blijven. Moeder Serafima stierf aan kanker. Haar ziekte was een ware marteling, ze lag vaak kronkelend op de grond van de pijn.

Na Serafima's ontslapenis ging **Paraskeva** naar de kerk, waar ze direct opgemerkt werd door de zusters, daar ze nog maar zelden naar de kerk ging. **Paraskeva** wendde zich tot hen en zei: "Jullie dwazen. Jullie kijken naar mij, maar jullie zien niet dat zij [moeder Serafima] drie kronen op heeft."

Op een dag kwam er een bisschop naar haar toe die ten einde raad was. Iemand had hem een kind toegeworpen met een briefje waarop stond dat het kind van hem was. Hij had een grote prosphora besteld die hij aan **Paraskeva** gaf waarna hij vroeg wat te doen. Hierop pakte ze het prosphora en gooide het tegen de muur, zodat het afketste en tegen de kamerverdeler terechtkwam. Voor de rest zei ze niets. De volgende dag

....

* De Grote Schema tonsuur is een zeldzame stap in het kloosterleven en wordt zelden goedgekeurd door de abt of bisschop. Tijdens de tonsuur zal hij/zij een nieuwe naam in Christus aannemen, om te laten zien dat hij zijn wereldse leven volledig heeft opgegeven. Hij/zij is een wandelend icoon van onze Heer Jezus Christus. Net als onze Heer Jezus Christus moet de monnik of moniale bereid zijn om zijn of haar leven te geven ter volledige redding van andermans zielen. De monnik of moniale moet bereid zijn om aan het kruis genageld te worden. Het is een leven van voortdurend gebed. In essentie is deze monnik of moniale een oudere binnen de kloostergemeenschap en wordt bezocht door religieuzen van alle rangen, kloosterlingen en leken voor spiritueel advies en troost.

gebeurde hetzelfde, en op de derde dag kwam ze niet eens meer naar buiten om hem te begroeten. Hij wist niet wat hij moest doen en hij had zoveel respect voor haar dat hij niet zonder haar zegen wilde vertrekken. Hij zond een celbewaarder om via haar te vragen wat hij moest doen. **Paraskeva** antwoordde "Ik heb veertig dagen gebeden en gevast, daarna zongen ze het Pascha." Met andere woorden, draag je huidige verdriet waardig en het zal op zijn eigen tijd opgelost worden. De bisschop nam haar woorden letterlijk. Hij vertrok naar Sarov, en leefde daar veertig dagen in vasten en gebed. Na deze tijd was zijn probleem inderdaad opgelost.

Voor ze ontsliep heeft **Paraskeva** veel pijn geleden, en raakte op het einde verlamd. Sommige mensen waren verbaasd dat zo'n heilig persoon zoveel lijden moest doorstaan voordat ze stierf. Er werd echter aan één van de zusters onthuld dat ze door dit lijden de zielen van haar geestelijke kinderen van de hel had gekocht.

Op 22 september 1915 ontliep **Paraskeva** op 120-jarige (!) leeftijd in de Heer en op hetzelfde moment ging een moniale in Petersburg de straat op en zag hoe de ziel van **Paraskeva** opsteeg naar de hemel.

Ze werd begraven bij het altaar van de Drie-eenheidskerk. Op de wanden en deksel van haar kist stond de inscriptie: "Mijn geliefden in de Heilige Geest, broeders en mede-vastende zusters, vergeet niet mij in uw gebeden te gedenken, maar als u mijn graf ziet, gedenk dan mijn liefde en bid tot Christus dat Hij mijn ziel bij de rechtvaardigen plaatst."

Tijdens de viering van de geboorte van Serafim van Sarov in 2004 is **Paraskeva** heilig verklaard. Haar relieken werden op 20 september 2004 ontdekt en rusten nu in de Kazankerk van het Diveyevo-klooster. In 2004 werd het gebouw waarin haar cel gelegen was teruggegeven aan het klooster, dat nu een museum is over de geschiedenis van het Diveyevo-klooster, met onder andere de herdenkingscel van **Paraskeva**.

Andreas van Constantinopel

2 oktober

Bijzonder in dit verhaal is dat **Andreas** van Slavische afkomst was, in een tijd voordat zijn thuisland gekerstend was. Als jonge heidense man werd hij tot slaaf gemaakt, zoals volkeren sinds mensheugenis hebben gedaan onderling. (Ons woord 'slaaf' is ontstaan door de duizenden mensen van Slavische afkomst die als slaven werden verkocht, waaronder **Andreas**.) Hoewel slavernij nooit een pretje is, hadden sommige slaven een beter leven dan andere, dankzij het huishouden waarin ze terecht kwamen. Zo ook **Andreas**, die gekocht werd door een rijke hoogwaardigheidsbekleder genaamd Theognostos. Deze werkte aan het hof in Constantinopel, tijdens het bewind van keizer Leo VI "de Wijze".

Slaaf **Andreas** was knap van uiterlijk en ziel. Zijn meester leerde hem lezen en schrijven, daarnaast liet hij de jongen dopen. In het bijzonder werd **Andreas** aangetrokken tot het lezen van de heiligenlevens. **Andreas** bad vurig tot God en woonde met liefde alle kerkdiensten bij. Deze ijver ving de aandacht van priester Nikeforos in de beroemde kerk Hagia Sophia ('Heilige Wijsheid'). Nikeforos werd later de spirituele vader van **Andreas.**

Meerdere visioenen troffen **Andreas**, in het bijzonder één die hem aanspoorde om een heilige dwaas te worden. In dit visioen zag hij een schouwspel waarin twee gigantische legers tegen elkaar ten strijde trokken, engelen versus demonen. Bij het opduiken van een reus tussen de demonen beloofde een engel een kroon voor degene die de reus zou verslaan. **Andreas** vocht met de reus en kwam als winnaar uit het gevecht. God zei hem toen dat hij moest doorgaan op dit pad als dwaas in Zijn naam. Gehoorzaam aan deze hemelse openbaring, aanvaardde **Andreas** de moeizame ascese.

Tijdens zijn weg naar heilige dwaasheid scheurde **Andreas** op een dag zijn kleren van zijn lijf en sneed ze met een mes door, waarbij hij zich krankzinnig gedroeg. Bedroefd hierdoor bond zijn meester Theognostos hem in ketenen en bracht hem naar de kerk van Anastasia, waar geestelijk gestoorden werden opgevangen, zodat er gebeden voor hem zouden worden gehouden. Maar **Andreas** verbeterde niet, het werd zelfs erger. In een volgend visioen bezocht de heilige Anastasia (22 december) **Andreas**, waarbij een ouderling zich afvroeg of ze de geestelijk gestoorde jongeman kon genezen.

"Dat hoeft niet", stelde ze, "want dit is de wens van God".

Het was immers duidelijk gemaakt in het eerdere visioen dat zijn dwaasheid God behaagde.

De kerk wist geen raad met **Andreas** en wees hem de deur, waarna hij over de straten rondzwierf. Diep bedroefd door deze neerwaartse spiraal van ogenschijnlijke geestesziekte, schonk meester Theognostos de heilige dwaas zijn vrijheid. Hoewel een veelbelovende student, liet hij **Andreas** liever gaan om hem te laten doen wat hij wilde.

Overdag veinsde **Andreas** alsof hij krankzinnig was. Hij leefde zonder enige vorm van onderdak. Nachten bracht hij buiten door, halfnaakt in enkel een gescheurd kledingstuk, waarbij hij slechts een beetje brood at, als dat hem geschonken werd door meedogende mensen. Alles wat hij aan aalmoezen ontving deelde hij met de bedelaars. Tegelijkertijd bespotte hij hen om te voorkomen dat hij bedankt zou worden, want de heilige wilde dat de enige beloning van de Heer zou komen. Elke nacht bad

Andreas tot God voor allen, vooral degenen die hem kwaad hadden gedaan gedurende de dag.

Spoedig kwam de grote genade van God in hem en was hij in staat de geheimen van mensen te onderscheiden, engelen en boze geesten waar te nemen, demonen uit mensen te drijven, en mensen te corrigeren van hun zonden. Ondertussen bleef zijn gedrag compleet dwaas, vaak met een geacteerde waan van dronkenschap, waardoor hij bespuugd, geslagen, en uitgescholden werd. Zodra hij bij zijn spiritueel vader was, verdween zijn geveinsde krankzinnigheid, en ook zijn discipel Epifanios kon normaal met hem praten.

Ondanks zijn dwaasheid liet hij duidelijk zijn grenzen zien toen een hoertje hem naar binnen lonkte. Daar werd hij door enkele prostituees geslagen en gedwongen om onzedelijke handelingen te verrichten met hen. Ze pestten hem verbaal en probeerden hem op te winden, maar niets deerde hem—zoals bij Simeon (21 juli) te lezen is. Wel zag hij tussen hen de demon van ontucht, een afstotelijke lelijkerd die stonk als de hel.

Zoals andere heilige dwazen kreeg ook **Andreas** de gave van helderziendheid. Een gravenrover zou dat aan den lijve ondervinden, toen hij gewaarschuwd werd door de heilige. **Andreas** voorspelde dat als de rover zijn misselijkmakende plan zou uitvoeren, hij zowel de zon als mensen nooit meer zou zien. Hoewel even van zijn stuk gebracht, trok de rover zich verder niets aan van de waarschuwing. Tijdens het graven kreeg hij een klap op zijn hoofd, waarna hij de rest van zijn leven als blinde bedelaar moest doorbrengen.

Bij een ontmoeting met een door velen geprezen monnik zag **Andreas** een beangstigende slang om zijn nek kronkelen. Het bleek dat deze monnik geld oppotte, waar **Andreas** hem voor berispte. Hij stelde dat de monnik het geld niet kon meenemen in zijn graf, terwijl anderen nu dood gingen van de honger. De ogen van de monnik werden geopend. Meteen zag hij tot zijn grote schrik de demon, waarna hij zijn rijkdommen uitdeelde.

Tijdens een gesprek met zijn trouwe discipel Epifanios kreeg **Andreas** wederom een visioen. Ditmaal zag hij een demon die zijn vriend wilde benaderen om hem tot zonde te verleiden. Deze claimde dat de heilige dwaas zijn ergste vijand in Constantinopel was. In plaats van de demon weg te sturen, liet **Andreas** hem praten.

Verkneukelend zei de demon: "De tijd zal aanbreken dat mijn werk hier erop zit. Mensen zullen dan slechter zijn dan ik nu ben, en hun kinderen meer begaafd in boosaardigheid dan de volwassenen. Dat wordt de tijd dat ik lekker achterover kan leunen en niets meer hoef te doen om mensen te verleiden, aangezien ze mijn wil dan uit eigen beweging zullen uitvoeren."

De demon vervolgde zijn relaas waarin hij zei dat afgoderij, roddelzucht, kwaadaardigheid jegens je buren, sodomie, dronkenschap, en liefde voor geld hem het meeste genoegzame gevoel gaven. **Andreas** vroeg daarna hoe demonen reageerden op iemand die berouw toonde en terugkeerde naar God. Vanzelfsprekend konden demonen daar slecht mee omgaan, werd hem verteld. Daarom haalden ze alles uit de kast om iemand terug te krijgen. Toen **Andreas** schoon genoeg had van de listige praatjes, blies hij over de demon zodat deze verdween.

Beroemd is een ander visioen van de heilige dwaas. Toen **Andreas** een nacht in gebed was in de Blacherna-kerk, waar zich het kleed van de heilige Moeder Gods bevond, viel hem het visioen ten deel van de biddende Maagd Maria. Ze spreidde haar schouderdoek uit over de aanwezige menigte gelovigen. Denkend dat dit een visioen was, vroeg **Andreas** of zijn kompaan Epifanios hetzelfde zag, welke dit beaamde. Deze wonderbare verschijning bleef enige tijd zichtbaar. Een cruciaal ogenblik, aangezien vijandelijke troepen de stad kwamen belegeren. Aan het einde van dit visioen trokken de legers zich terug, voor veel aanwezigen zonder enige logica, waardoor Constantinopel gered werd. Nog altijd wordt deze gebeurtenis gevierd op 1 oktober als De Bescherming Van De Theotokos.

Eens liep **Andreas** over straat, waar mensen hem bejegenden en sloegen. Ene Barbara kwam voor de heilige dwaas op, omdat ze zag dat demonen mensen bespeelden en hen merktekens gaven zodat ze verdoemd zouden zijn omdat ze Gods dienaar mishandelde. Toen **Andreas** dit hoorde, zei hij: "Het is jullie niet toegestaan deze mannen te merken, want ik heb mijn Heer gesmeekt om het niet als een zonde te beschouwen dat ze mij slaan."

Nadat de vrouw dit hoorde zag ze een visioen waarin een zwerm zwaluwen vanuit de hemel kwam, samen met een witte duif. De duif vertelde **Andreas** onder andere: "De Heer zal u steeds weer verheerlijken, omdat u besloten hebt dat degenen die u elke dag slaan, zonder schuld zouden zijn." De duif landde op zijn hoofd, bedekt met zilver, zijn borst was goud, parels als ogen, met boven zijn kop een kruis van bloemen. De vrome Barbara riep daarna verbaasd: "Wat is God wonderbaarlijk in Zijn goedheid!" Later wilde ze anderen vertellen wat ze had gezien, maar onmiddellijk weerhield een goddelijke kracht haar zodat ze het wonder daarna vrijwillig geheim hield. **Andreas** gebood Barbara niets hierover te vertellen zolang hij op aarde liep.

In een ander visioen van **Andreas** liep hij op een dag door de straten van Constantinopel. Hij zag een grote en prachtige begrafenis. Een rijke man was gestorven en zijn gevolg was imposant. Maar toen hij beter keek, zag **Andreas** een groep kleine zwarte figuren vrolijk rond het lijk huppelen; eentje grijnzend als een prostituee, een ander blaffend als een hond en een andere grommend als een varken. Spottend zeiden ze tegen de aanwezige zanger dat hij zong voor een hond.

Toen **Andreas** zich omdraaide, zag hij een knappe jongeman huilend achter een muur staan. Deze vertelde dat hij de beschermengel van de dode man was geweest, maar dat de man door zijn zonden God enorm had beledigd, de raad van zijn engel had verworpen, en zichzelf volledig had overgegeven aan de demonen. Verder zei de engel dat deze man een grote zondaar zonder berouw was. Een leugenaar, een hater van mensen, een vrek, een bloedvergieter, en een losbandige man die driehonderd zielen tot immoraliteit had verleid. Desondanks werd hij door de keizer geëerd en door het volk gerespecteerd. Alle pracht en praal bleek dus een gouden ring in de snuit van een zwijn.

In een ander visioen hoorde **Andreas** onuitsprekelijke, hemelse woorden (zoals in II Korintiërs 12:4) die hij niet tegen de mensen durfde te herhalen.

Na een leven van dergelijke krachtige visioenen, en een bijna ongeëvenaarde hardheid van ascese, ontsliep **Andreas** in 911 in de eeuwige glorie van zijn Heer.

Domna van Tomsk

16 oktober

De heilige dwaas **Domna** Karpovna hebben we vooral leren kennen dankzij de Russische aartspriester Nikolaj Nikolai Mitropolsky. In het midden van de negentiende eeuw diende hij in de kerk van het dorp Voznesensky in het bisdom Tomsk. Hij kende de heilige dwaas en heeft haar verhaal opgetekend en gepubliceerd in een kerkelijke krant.

In het begin van de negentiende eeuw werd **Domna** geboren in een adellijke familie. Al vroeg werd ze wees en groeide op bij haar tante die haar een goede opleiding liet volgen.

Ze was een mooi meisje dat diverse talen machtig was. Het zal daarom vast niet verwonderlijk zijn dat meerdere aanbidders naar haar hand dongen. **Domna** wilde echter haar maagdelijkheid voor Christus bewaren en toen ze ontdekte dat haar familie haar wilde dwingen te trouwen, verliet ze in het geheim en gehuld in burgerkleding haar huis.

Vervolgens besloot ze een pelgrimstocht te maken naar de heilige plaatsen en kloosters. Doordat ze geen documenten had om haar identiteit te bewijzen werd ze gearresteerd en onder de naam Maria Slepchenko verbannen naar Siberië. Daar vestigde **Domna** zich in de provincie Tomsk, waar ze de ascese van dwaasheid om Christus op zich nam. Ze had geen vaste verblijfplaats en zwierf door de straten, haar dagen bracht ze door in de open lucht.

De kleding van **Domna** bestond uit verschillende objecten en knopen gemaakt van lompen, waarmee ze haar naakte lichaam omwikkelde. Hierdoor ontstonden bundels en in deze bundels zaten waardeloze vodden, oude bast, touwen, riemen, schoenen, gebroken glas, stenen, zaagsel en nog veel meer. Bovenop hingen veel kleine zakjes met onder andere brood, thee, suiker, wierook, kaarsen, en zuurkool. Dit alles maakte dat ze een enorm gewicht met zich meedroeg overal waar ze heen ging. (Het lijkt een variant op de asceten die zware kettingen onder hun kleding droegen.)

Domna telde vaak de knopen van haar kleding en de zakjes die aan haar hingen in plaats van een gebedskoord, zodat haar onophoudelijk gebed verborgen bleef voor de mensen.

Alle kleren die haar gegeven werden, gaf ze meteen weg aan de armen. Op een dag gaf de bisschop Tomsk Porfiry haar zijn nieuwe bisschopsmantel. Deze nam ze dankbaar aan, maar na twee uur gaf ze het weg aan een arme bedelaar.

Omdat **Domna** wist hoe zwaar het verblijf van de mensen in de gevangenis op het politiebureau van Tomsk was, liep ze er omheen en zong onderwijl hymnen. Hiervoor werd ze opgepakt en vastgehouden. Toen de kooplieden die haar vereerden hiervan hoorden, brachten ze haar stapels taarten, *bliny* (pannenkoeken), thee en suiker. Dit alles verdeelde ze meteen onder de behoeftige gevangen. Het is dan ook niet vreemd dat haar medegevangenen het betreurden dat ze weer vrijgelaten werd en vurig wensten dat ze snel weer bij hen zou terugkeren.

De heilige leefde ook naar de woorden uit het Heilige Schrift: "De rechtvaardige zorgt goed voor al zijn dieren" (Spreuken 12:10). Daarom zorgde **Domna** voor zwerfkatten en vastgeketende waakhonden. Ze gaf de dieren vaak te eten en wanneer een eigenaar niet voor hun hond zorgde liet ze deze vrij. De dieren hielden ook van haar. Katten en honden vergezelde haar van 's ochtends vroeg tot 's avonds laat, terwijl **Domna** iets mompelde of spirituele liederen zong. In het duister van de nacht kon je te midden van het geblaf haar gebed horen: "Heilige Moeder Gods, red ons!".

Wanneer **Domna** in de kerk was bad ze vurig, maar alleen wanneer er bijna geen mensen waren. Zodra ze merkte dat er mensen haar zagen bidden begon ze zich gelijk weer als een dwaas te gedragen. Ze bewoog zich dan van de ene naar de andere plek, al pratend, doofde en herschikte ze de kaarsen of stopte ze in een van haar bundels. Dit alles kon niet voorkomen dat er verhalen waren over hoe vurig haar gebed was en hoe de tranen over haar wangen stroomden, zo heftig dat de tranen in twee stromen uit haar ogen kwamen.

Met een andere beroemde heilige dwaas van Tomsk in die tijd, bijgenaamd 'graaf Razumovsky'*, trad **Domna** ooit op als bemiddelaar voor de plaatselijke bewoners. Een hoge ambtenaar in Tomsk arriveerde met een commissie. **Domna** en Razumovsky maakten diepe buigingen en gedroegen zich als dwazen en zeulden kleine, strak gevulde tassen mee. De 'graaf' had kiezelstenen in zijn tas, **Domna** had aardappelen. De ambtenaar vroeg verrast: "Wat heeft dit te betekenen?", waarop de heilige dwazen antwoordden: "Je kunt nooit met lege handen naar de autoriteiten gaan. Als je naar iemand toegaat met een verzoek, breng je geld mee of iets anders. Dus kwamen wij,

---

*   Deze naam is hoogst waarschijnlijk geënt op Aleksey Grigorievich Razumovsky en/of zijn neef, de Russische diplomaat Andrey Kirillovich Razumovsky. De laatste vertrok uit Rusland en woonde vooral in Wenen. Hij bekeerde zich van de Russische Orthodoxie tot het rooms-katholicisme, onder invloed van zijn tweede vrouw, en werd uiteindelijk een van de rijkste mannen van Europa. Naast allerlei politiek gekonkel waarin hij betrokken was, en het bouwen van een peperduur paleis (dat later in zijn leven platbrandde), had hij muzikale talenten en was hij de patroon van Beethoven. Hij wordt genoemd als "een vijand van de [Franse] Revolutie".

Aleksey Grigorievich Razumovsky werd vanwege zijn zangtalent gevraagd door prinses Elizaveta Petrovna, de dochter van Peter de Grote. Zijn appartement lag naast haar slaapkamer, en er zijn duidelijke aanwijzingen dat ze een relatie hadden en mogelijk kinderen, wat hem de bijnaam 'keizer van de nacht' gaf.

twee dwazen, jullie feliciteren met jullie komst en brachten we wat we konden. We hebben geen geld, dus hier zijn in plaats daarvan kiezelstenen en aardappelen. Eet op je gezondheid!"

Toen de inspecteur vertrok, werden de twee dwazen enkele dagen gearresteerd vanwege hun schaamteloze, respectloze gedrag. Maar de autoriteiten namen ook maatregelen: veel corrupte ambtenaren werden uit hun dienst ontslagen.

Domna bewaarde haar maagdelijkheid, ze verdroeg vrijwillige armoede, doodde zondige hartstochten en verdroeg hitte en kou. Tegen het einde van haar aardse leven ontving zij van de Heer de gave van voorspelling, waarmee zij het geestelijk welzijn van haar naasten diende. Zo voorspelde ze de vreselijke branden die Tomsk begin jaren 1880 verwoestten, schrijft priester Sergius Golubtsov. In een kroniek over die tijd bleek **Domna** voorspellingen te hebben gedaan die uitkwamen.

Priester Nikolai Mitropolsky, degene die door **Domna** liefkozend 'papa' werd genoemd, vroeg haar: "Wat wil je?" Als reactie daarop vroeg de heilige altijd alleen of hij haar zou leren hoe ze zichzelf kon redden. Van alle dingen die ze kon vragen was dit het enige van belang dat ze nodig had.

Op 16 oktober 1872 ontsliep **Domna** 1872 en werd begraven in het klooster van de heilige Johannes de Doper in de stad Tomsk. In 1984 werd zij heilig verklaard. Tijdens de Sovjetjaren werd het klooster gesloten en de begraafplaats van de heilige dwaas vernietigd. Op deze plaats van de begraafplaats werd de campus van het Tomsk Technologisch Instituut gebouwd. In 1996 werd niet ver van de begraafplaats van de zalige **Domna** een kapel ter ere van haar opgericht.

Paraskeva van Starobelsk

17 oktober

Als afsmeking aan God door volledig analfabetische ouders, werd **Paraskeva** als eerste van vijf kinderen geboren op 27 oktober 1867. Haar ouders hadden vurig tot God gebeden dat Hij hen een intelligent kind zou schenken.

Dat **Paraskeva** een bijzonder kind was, bleek al op jonge leeftijd. Ze was altijd op zichzelf en speelde zelden met leeftijdgenoten. Hoewel ze nog klein en onwetend was, verraste ze de volwassen met haar gedrag en voorzienigheid. Ze voorspelde gebeurtenissen in de toekomstige levens van haar leeftijdgenoten, die zich later precies zo voltrokken. Op jonge leeftijd zei **Paraskeva** al dat ze zelf later nooit zou trouwen.

Met bepaalde acties waarschuwde **Paraskeva** mensen over toekomstige gebeurtenissen. Dit werd niet altijd begrepen en de consequenties hiervan waren soms hard, zoals te lezen is in het volgende voorbeeld.

In haar tienerjaren hielp **Paraskeva** haar ouders met het werk op de boerderij, net als alle boerenkinderen. Een van de dingen die ze deed was het hoeden van vee. Op een dag dreef ze de kudde naar het veld van haar vader waar het wintertarwe was gezaaid. Het vee vertrapte alles en richtte onherstelbare schade aan. Haar vader was uiteraard woedend en sloeg haar bont en blauw.

Men begreep niet dat **Paraskeva** hiermee de verschrikkelijke gebeurtenissen liet zien die eraan kwamen; de vernietiging van de eeuwenoude patriarchale fundamenten, niet alleen van de boereneconomie, maar van heel tsaristisch Rusland. Er gingen velen jaren voorbij voordat men de ogenschijnlijk 'absurde' daad van het meisje begreep.

Op 12-jarige leeftijd kreeg **Paraskeva** tijdens het hoeden van het vee een visioen. We kunnen alleen naar de inhoud daarvan gissen, aangezien ze dit nooit aan iemand verteld heeft. Wat wel bekend is, zijn haar acties die hierop volgden. Ze ging namelijk naar het klooster in Starobelsk en bleef hier wonen. Haar bedroefde ouders zochten hun dochter, maar konden haar niet vinden, totdat iemand hen vertelde dat hij **Paraskeva** in het klooster had gezien, waar ze vee aan het hoeden was.

Haar ouders gingen direct naar het klooster, waar ze drie dagen bleven, maar hun dochter zagen ze in al die tijd niet. **Paraskeva** had namelijk voorzien dat haar ouders kwamen en zich verstopt in het hooi onder de kribbe. Ze kwam pas tevoorschijn toen haar ouders vertrokken waren. Alles wat de ouders voor haar hadden achtergelaten gaf ze direct weg.

Nog enkele keren probeerden haar ouders **Paraskeva** op te halen, maar dit voorzag ze telkens, dus verstopte ze zich in een hooiberg of in het riet bij het meer. Wanneer haar ouders weer vertrokken waren kwam ze pas tevoorschijn. Hiermee volgde ze de wil van God op, wist ze, want Hij had dit klooster uitgekozen zodat zij Hem hier ongehinderd kon dienen.

Zoals gezegd omarmde **Paraskeva** de ascese van dwaas om Christus en vernederde zichzelf om de geheimen en openlijke ondeugden in het klooster bloot te leggen. Sommige zusters beschuldigde ze rechtstreeks van nalatigheid en van een neiging tot het begaan van allerlei zonden, terwijl ze anderen op allerlei allegorische manieren hints gaf. Zowel de bewoners van het klooster als de leken die op bedevaart kwamen, luisterden naar haar woorden.

Na haar wijding tot moniale hield **Paraskeva** zich strikt aan de regels en dankzij haar nederigheid en inzichten trok zij veel mensen die spirituele en lichamelijke hulp zochten naar het klooster.

Vaak zat **Paraskeva** omringd door duiven op de trappen van de kerk die naar de klokkentoren van het klooster leidden. Ze gaf hen het voedsel wat mensen haar brachten. Ook daar deed ze zich voor als een dwaas en droeg vaak seculiere kleding. Als voorbode voor de komende revolutie en de machtsovername door het rode leger, kleedde zij zich soms helemaal in het rood en rende dan door de straten van de stad.

De verschrikkelijke tijd voor de kerk die zou komen voorspelde **Paraskeva** op de volgende manier. Voor het begin van de middernachtdienst in de door de monialen schoongemaakte en op orde gebrachte kerk, herschikte ze daar de bloemen, haalde handdoeken en dekens weg, verplaatste lessenaars, en andere zaken. Vlak voor de sluiting van het klooster bedekte ze alle ramen van de kerk met gras en klis.

Ze veegde vaak de binnenplaats van het klooster met een bezem schoon terwijl ze zei: "Op zijn kop. Hij zal de poort bereiken en het vuil op straat vegen." Een man met een kar kwam op een dag aanrijden en nadat hij alles had uitgeladen bij het klooster liep hij op **Paraskeva** af, maar nog voordat hij haar iets kon vragen keek ze op en zei: "Weet je dat niet? De regering gaat binnenkort veranderen!"

Iedereen zou inderdaad verdreven worden uit het klooster, oftewel worden 'weggeveegd'.

Dikwijls veegde **Paraskeva** voor de heilige Nikolaaskerk en in de buurt van de Pokrovski-kathedraal. Soms was ze al het afval op een grote hoop aan het vegen om er vervolgens met een bezem in te slaan, zodat alles weer alle kanten op vloog. Dit bleek profetisch te zijn, want de nieuwe regering was nog maar net geïnstalleerd of de kathedraal werd door hen opgeblazen.

In 1924 werd het klooster gesloten. De verdreven monialen huurden appartementen van stadsbewoners en werkten als dienstmeisjes. **Paraskeva** vond onderdak in een ander klooster, waar ze tot 1928 verbleef. Ze zette haar dwaasheid onvermoeibaar voort en veroordeelde de nalatige monialen, verkondigde de wil van God, en voorzag de toekomst.

Op de dag van het feest van *Acheiropoieta* (het icoon van Christus 'Niet door Handen Gemaakt') kwam de hegoumena naar **Paraskeva** en vroeg of zij en de monialen die dag het graan konden gaan dorsen op het veld bij het klooster. De tractors van de regering stonden namelijk al klaar om dit te gaan doen. **Paraskeva** gaf als antwoord dat men niet moest dorsen, omdat anders alles zou verbranden. De hegoumena probeerde daarop de tractorchauffeurs over te halen om hun schema te veranderen, maar zij gaven als antwoord dat als de monialen niet op deze dag gingen dorsen, hun beurt aan hun voorbij zou gaan. Het gebeurde zoals **Paraskeva** had voorspeld: nog voordat ze klaar waren met het dorsen van het graan, vatte het vlam en brandde alles, inclusief de apparatuur, tot de grond toe af.

Een anders voorbeeld is dat ze een boer adviseerde om een deel van zijn vee te verkopen en met de opbrengst daarvan kleding voor het gezin te kopen. Ze zei dat anders alles verloren zou gaan. De boer luisterde helaas niet naar dit advies. Inderdaad ging alles verloren; al zijn vee werd geconfisqueerd en naar de collectieve boerderij van de staat gedreven.

Twee vrouwen volgden de heilige totdat ze ontsliep. De eerste was Nadya, die in 1926 naar het klooster kwam. Nadya had één krom been en had op 25 jarige leeftijd besloten om op bedevaart naar het klooster te gaan. Ze had gehoord dat daar een helderziende moniale woonde en wilde haar graag ontmoeten en met haar spreken. **Paraskeva** vond het meisje meteen leuk en hield haar dicht bij zich. Ze zei tegen haar: "Je zult bij mij zijn tot aan mijn dood, en dan zal de Koningin van de Hemel Zelf over je heersen."

Het andere meisje heette Marisha. Zij werd op haar achttiende ernstig ziek, van top tot teen zat haar hele lichaam onder de ongeneselijke wonden. Vooral één arm deed veel pijn. Artsen konden haar niet genezen en probeerden haar ervan te overtuigen om haar arm te laten amputeren. Ze zag nog maar één hoop en dat was God. Dus besloot ze naar een klooster te gaan in de hoop daar genezen te worden. Een diepgelovige vrouw uit haar dorp ging vaak naar het klooster en Marisha vroeg aan haar ouders of ze mee mocht gaan, maar haar vader stond dit niet toe. In het geheim ging ze op de vooravond van Pasen met de vrouw toch mee naar het klooster en **Paraskeva** nam haar onder haar hoede. Ze gaf haar onmiddellijk de opdracht om het icoon van de Moeder Gods te vereren.

Marisha bleef drie weken lang in het klooster en werd door **Paraskeva** onderwezen in de Christelijke leer. Hoe ze moest leven, maar ook de strikte opdracht om nooit te trouwen. Tijdens haar verblijf genas Marisha volledig en werd ze door de zalige weer naar huis gestuurd. Het meisje was erg bang, maar werd door **Paraskeva** gerustgesteld dat ze geen straf zou krijgen wanneer ze thuis zou komen. Het gebeurde zoals **Paraskeva** voorspeld had. Haar vader at en sliep niet, hij was ziek en radeloos van verdriet, omdat hij niet meer wist waar hij haar nog kon zoeken. Hij was zodoende alleen maar blij dat zijn dochter weer gezond van lichaam en geest thuis was gekomen—gezonder zelfs dan toen ze van huis wegliep.

In 1933 werd Marisha's familie onteigend. Haar ouders stierven en de kinderen werden in een weeshuis geplaatst. Kort daarna stierven ook zij daar, waarna Marisha op zoek ging naar **Paraskeva**, die al was gaan ronddwalen nadat het klooster in 1928 was gesloten door de sovjets. Nadat zij haar gevonden had zou ze bij haar blijven en haar in alles gehoorzamen.

Na de sluiting van het klooster begonnen de meeste monialen door de omliggende gebieden te zwerven. Zij verdedigden onbevreesd de positie van Patriarch Tichon van Moskou en riepen gelovigen op om niet naar kerken te gaan waar renovationistische priesters dienden, zich niet aan te sluiten bij collectieve staatsboerderijen, en zich niet te houden aan de decreten van de goddeloze regering. De priesters werden door de autoriteiten dwongen om zich aan te sluiten bij de renovationisten [door communisten gesteund schisma om de traditionele Orthodoxie te ondermijnen]. Wie niet gehoorzaamde, werd naar de gevangenis gestuurd, kreeg dwangarbeid, of werd doodgeschoten. Het communisme heeft zodoende vele martelaren gemaakt.

In die tijd verzamelde **Paraskeva** alle zwervende monialen en vertrok met een konvooi naar Svatovo. Onderweg bereikten ze een dorp en daar zagen ze een oudere boer tarwe zaaien op zijn veld. Hij had een zwaar vermoeid paard bij zich, dat zijn benen amper kon bewegen. Het leek erop of hij elk moment ter aarde kon storten, en de boer zag er niet veel beter uit.

Paraskeva en haar gevolg besloten hen te helpen. Ze spanden het paard uit, zetten in zijn plaats de mensen die bij haar waren, en bezaaiden het veld. Onderwijl zong de heilige voortdurend: "Mijn ziel prijst de Heer, en mijn geest verheugt zich in God, mijn Redder" (Maria in Lucas 1:46-47). Ze beval de eigenaar van het veld om voor iedereen pap te koken. Daarop klaagde hij dat hij daar te weinig gierst en brood voor had meegenomen. **Paraskeva** antwoordde: "Kook het in een emmer, dan heb je genoeg." Er was maar een handvol gierst, maar toen het begon te koken, was tot ieders verbazing de emmer volledig met pap gevuld. De gezaaide tarwe groeide uiteindelijk prachtig en alle voorbijgangers keken vol verbazing naar de oogst die ze hadden gezaaid.

Tijdens hun zwerftochten door dorpen brachten **Paraskeva** en haar volgers het Woord van God aan de mensen. Hiervoor werd ze herhaaldelijk gearresteerd en voor maanden gevangen gezet. Een van deze keren werd er opgemerkt dat ze geestelijk ziek was en naar een psychiatrische instelling gestuurd. Vanuit daar wist ze te ontsnappen en terug te keren naar haar geboortestreek.

In 1933 werd **Paraskeva** opnieuw gearresteerd, gevangengezet en vervolgens verbannen. Haar spirituele zusters waren erg bezorgd en maakten plannen om haar te redden.

Een vrouw verkocht al het pluimvee dat ze op haar boerderij bezat en gebruikte het geld om naar een wijze priester te gaan. Ze vroeg hem om de zegen om **Paraskeva** te mogen zoeken. De priester gaf haar deze echter niet, maar zei haar dat ze het geld aan de novicen Nadezhda en Anna moest geven, die op hun beurt **Paraskeva** moesten gaan halen.

Nadezjda en Anna gingen op reis en bereikten Archangelsk, waar hun geld opraakte. Door bij de kerk te bedelen voor aalmoezen zamelden ze genoeg geld in voor de overtocht naar Kotlas, waar de zalige vastgehouden werd. Op de dag dat hun schip aanmeerde, voorzag **Paraskeva** hun komst en stuurde een oudste naar de pier. Hij bracht de zusters naar haar toe. Terwijl ze over de binnenplaats liepen, sprak **Paraskeva** de novicen Nadezhda en Anna toe: "Daar gaat de heilige Joris de Overwinnaar (23 april) te paard en hij zegt ons dat we naar de stad Lisichansk [in huidig Oekraïne] moeten gaan." **Paraskeva** wandelde vervolgens de gevangenis uit—de bewakers besteedden geen aandacht aan haar—en verliet samen met de novicen te voet de stad.

Op sommige plekken vonden ze onderdak en eten, op andere plekken leden ze honger en sliepen ze in de open lucht. Weer werden ze gearresteerd en teruggebracht naar Kotlas. Ze kregen hier documenten, maar zonder stempel, die hen het recht gaven om naar de dichtstbijzijnde dorpen te reizen. Opnieuw besloten ze om naar huis te gaan, maar na een treinreis en overnachting in een hooiberg, werden ze weer gearresteerd en voor twee jaar gevangen gezet.

Na haar vrijlating uit de gevangenis ging **Paraskeva** onvermoeibaar verder met het bieden van geestelijke hulp aan orthodoxe christenen die vanwege hun geloof werden vervolgd.

Tijdens de periode van massale repressie, toen mensen uit hun huizen verdreven en naar kampen gestuurd werden, bracht ze dag en nacht door op plekken waar het lijden het grootst was, daar waar de mensen als vee heen gedreven waren. Het was er druk, je hoorde er het schrille gehuil van angstige en hongerige kinderen, het gehuil van moeders, het gekreun van de zieken en de ouderen. Ook verspreidde de hel waarin deze mensen terecht waren gekomen een vreselijke stank en blauwe wolken van alle sigarettenrook.

De novicen zeiden vaak tegen **Paraskeva**: "Moeder, laten we hier weggaan, waarom zitten we hier, er is zoveel lawaai en stank, wat kunnen we hier doen?" Toen antwoordde ze: "Mensen lijden, en wij moeten met hen mee lijden. Wij zullen de stank en het lawaai vrijwillig verdragen, zodat wij van de eeuwige stank verlost worden."

Paraskeva hielp velen met raad, waarvan de betekenis in eerste instantie niet altijd duidelijk was voor degenen die zich tot haar wendden. Echter na verloop van tijd merkte men dat wanneer ze haar raad opvolgden ze problemen voor zichzelf voorkwamen, en wisten ze dat de heilige dwaas op een allegorische manier de wil van God tot uitdrukking bracht.

Toen de voedselvoorraden van de plattelandsbevolking in beslag werden genomen, begon **Paraskeva** een aantal mensen te bezoeken. Onder andere een echtpaar dat een moestuin en een boerderij had. Ze ging naar de tuin, waarna ze een paar maïskolven afbrak om naar de varkens te gooien. De dieren vertrapten de kolven in de modder, in plaats van ze op te eten. Deze daad voorspelde dat de staat kwam en bijna al het graan en varkens meenamen. Hierdoor dreigde het gezin te sterven van de honger. **Paraskeva** kwam naar hen toe, groef de door de varkens vertrapte maïskolven op, pelde ze en kookte er pap van voor de varkens. Deze maïs vormde een voedselbron voor de hele winter en voorkwam honger voor deze familie.

Een ander voorbeeld is van een dienaar van God, Fjodor. Hij kreeg van **Paraskeva** de opdracht om graan aan de staat te overhandigen. Op een keer kwam ze bij hem langs en zei dat hij zijn brood weg moest geven aan de mensen die zij hem zou aanwijzen, anders zou de staat alles van hem afnemen. Fjodor deed was ze hem opdroeg; hij gaf het graan aan de aangewezen monialen en arme gezinnen. Hiervoor werd hij gearresteerd en gevangengezet.

In de gevangenis bracht zijn vrouw hem pakketten en in één van deze pakketten zat het boek 'Leven en prestaties van Johannes, kluizenaar van Svyatogorsk', wat hij met ontroering las. In zijn cel bad hij vurig tot God voor zijn snelle vrijlating. Na enige tijd arriveerde er een commissie uit Charkov, die hem vroeg waarom hij in de gevangenis zat. Fjodor zei dat hij dat niet wist. Ze lazen hem zijn zaak voor, lachten en zeiden dat hij naar huis mocht gaan en ze hem later zouden bellen. (Behoorlijk wonderbaarlijk, als je de doorgaans fatale afloop kent van andere, net zo onschuldige sovjet-martelaren die voor hun dood maandenlang werden vastgehouden en onder martelingen ondervraagd.)

Onderweg naar huis ontmoette hij **Paraskeva**. Ze adviseerde hem om alle balken van zijn huis af te zagen, de beste bomen in zijn tuin te rooien, en de helft van zijn hoofd kaal te scheren. "Wanneer iemand vraagt wat je doet, zeg hen dan dat ze hier een weg gaan aanleggen." Fjodor volgde alles precies op zoals **Paraskeva** hem had opgedragen. Men verklaarde hem vanzelfsprekend voor gek en alle aanklachten werden ingetrokken, waarmee de zaak gesloten werd. Na dit alles besloot Fjodor een trouwe leerling van **Paraskeva** te worden en te gaan waar zij ging.

Driemaal leidde **Paraskeva** haar novicen naar Kiev voor een bedevaart om de relieken van Gods heiligen te vereren die in het Kiev-Pechersk Lavra lagen.

De eerste keer liepen ze naar Belgorod, om vandaar de trein naar Kiev te nemen. In het vrouwenklooster was er een novice die moeder Anna kende, maar zij was reeds naar huis vertrokken. Voor de rest kende ze niemand uit de groep mensen en om deze reden mochten ze de nacht niet doorbrengen in het klooster.

Hierop gaf **Paraskeva** haar novicen Nadezjda en Fjodor de opdracht: "Roep naar de Koningin van de Hemel, zodat Zij moeder Anna aan ons teruggeeft." Ze begonnen vurig te bidden tot de Heilige Moeder Gods en hun gebeden werden verhoord.

Drie dagen later kwam Anna aan en vertelde dat ze net thuis was gekomen, maar ze voelde hoe haar ziel verscheurd was, dus ze besloot dat ze weer terug moest naar Kiev.

Moeder Anna had een kleinzoon die destijds drie jaar oud was, maar nog niet kon lopen of praten. Hierover maakten de ouders en zij zich zorgen, want ze waren bang dat hij de rest van zijn leven verlamd zou blijven. Toen Anna op een dag thuiskwam, wendde ze zich tot **Paraskeva** met het verzoek om te bidden voor de genezing van het kind. Nadat ze erover had nagedacht zei ze de jongen naar Kiev te brengen, zodat er over hem gebeden kon worden door priesters.

Op het treinstation liet Anna de jongen op het bankje naast **Paraskeva** achter om kaartjes bij de kassa te kopen. De jongen zat afgeleid naar voorbijgangers te kijken en vanuit het niets sloeg de heilige hem met haar handpalm op de rug. De geschrokken jongen rende bang naar Anna toe en riep: "Oma, ze slaat me!" Uiteraard reageerde Anna verbijsterd, aangezien de jongen hiervoor niet kon lopen of praten.

Een andere keer toen **Paraskeva** met moniale Melitina en novicen opnieuw op bedevaart naar Kiev gingen, gebeurde er het volgende. Vlak voordat ze een dorp betraden stopte **Paraskeva**. Ze trok een wit shirt aan en bond een witte sjaal om haar nek, waarna ze gezamenlijk hun weg vervolgden. Ze liepen nog maar net het dorp binnen, of er kwam een vrouw hen tegemoet rennen. Deze viel in tranen voor **Paraskeva** neer en vroeg haar en haar metgezellen om mee te komen naar haar huis.

De toedracht van deze dramatische actie was als volgt. Haar man en zij hadden een kind van drie jaar jong, toch heerste er geen vreugde in het huis. Beide ouders waren uitgeput door de ziekte van hun kind. Deze at en sliep niet, maar was de hele tijd aan het huilen. Het was lastig om naar het kind te kijken omdat hij vel over been was en op een skelet leek. De ouders waren in alle ziekenhuizen met hem geweest, maar dokters konden niet eens vertellen wat er met hem aan de hand was, laat staan hem genezen. Beide ouders waren radeloos van verdriet. Op een nacht hoorde de moeder een stem in haar droom: "Let goed op de weg. Als er mensen langs lopen en er een vrouw in het wit onder hen is, zal zij uw kind genezen".

Zodoende viel ze dus voor de voeten van de heilige dwaas. Die avond bereidde het echtpaar een maaltijd voor hen en erna ging iedereen naar bed. Terwijl iedereen sliep stond **Paraskeva** op, ging naar de wieg en liep er twee keer omheen. De volgende ochtend lag het kindje heerlijk te slapen in zijn bedje. Op de terugreis stuurde **Paraskeva** een van de novicen om te informeren naar de gezondheid van het kind. Ze kregen te horen dat hij na hun bezoek snel herstelde. Hij sliep en at, zijn ogen begonnen te stralen en zijn wangen werden roze. Het kind glimlachte en zag er schattig uit, als een engel.

Een ander verhaal over de voorzienigheid van **Paraskeva** kwam van haar volgeling Fjodor. Deze vertelde het volgende verhaal over zijn pelgrimstocht naar Kiev. Toen hij in een kerk in Kiev was, werd hem door de zalige opgedragen alle namen van de mensen die op de gedenktafel stonden op te schrijven en de briefjes in zijn zakken te stoppen. Omdat het veel namen waren had hij vele vellen papier volgeschreven. De briefjes had hij overal in gepropt: in zijn jas en in zijn broek. Het waren zoveel briefjes dat het niet alleen oncomfortabel was om te slapen, maar ook om te lopen. Hij wilde ze het liefst weggooien, maar **Paraskeva** liet dat niet toe. Op een avond liepen ze over straat toen ze twee politieagenten tegenkwamen die hun documenten wilden zien. Fjodor antwoordde dat hij de papieren had en begon door zijn zakken te rommelen. Hij haalde de briefjes tevoorschijn en hield ze in zijn hand. De politieagenten pakten elk een stuk papier en lazen de namen. Ze lazen en lazen, en barstten toen in lachen uit: "Waarom lezen wij alsof we in de kerk staan als een priester en een diaken?!" Hierop gaven ze de papieren terug en liepen door.

Voortdurend was **Paraskeva** op reis en veranderde nooit van kleding. Ze liep altijd in hetzelfde, in monastieke stijl, met een soutane en een warme, gewatteerde jas. Soms droeg ze in de zomer een gewatteerde trui. Haar schoenen waren in de winter en de zomer hetzelfde: versleten kromme leren laarzen. Alles wat gelovigen haar gaven, gaf ze weg. Ze was net zo emotieloos als de hemelse engelen en waakte het grootste deel van haar leven. Als ze in slaap viel, duurde het kort. Meestal zat of lag ze half op de grond. Enkel sliep ze in een bed wanneer ze bij iemand te gast was, uit respect naar de mensen die haar een bed aanboden.

Niemand zag **Paraskeva** eten. Wanneer ze aan tafel werd uitgenodigd, nam ze een lepel in haar hand, schepte wat eten op en roerde met de lepel in de kom rond. Daarbij begon ze een gebed of een psalm te zingen, zoals "Zing voor de Heer, o werken, en verheerlijk Hem voor eeuwig." Nadat ze klaar was hiermee liet ze het eten staan.

Mensen kwamen voortdurend bij haar met hun problemen en verdriet. Ze genas veel zieken. Maar als ze zag dat genezing geen verbetering opleverde voor een persoon, genas zij diegene niet. Op een dag werd er een vrouw bij haar gebracht die aan een demonische bezetenheid leed. Haar familieleden vroegen **Paraskeva** om de vrouw te genezen. De gezegende keek naar de vrouw en zei: "Ik kan de demon nu uit haar verdrijven, maar als ik dat doe, zal ze niet gered worden."

Velen wees ze terecht, haar ontzagwekkende woord was vervuld van geestelijke kracht en bracht vrees en beven teweeg bij de schuldigen. Ze had geen enkele voorkeur voor wie dan ook. **Paraskeva** deed en zei alles niet volgens haar eigen verstand, maar volgens dat wat haar werd ingegeven door de genade van de Heilige Geest. Ze redde ontelbare mensen van de ondergang, wanneer ze zag dat iemand gered *kon* worden, deed ze er alles aan om dat te bereiken. Onderwijl verborg ze zich achter uiterlijke waanzin en vluchtte weg voor menselijke glorie. Ze bad, onzichtbaar voor iedereen, voortdurend tot de Heer voor haar geestelijke kinderen en voor genade voor de hele wereld. Dit wekte nieuwsgierigheid op bij de mensen, die wilden zien hoe de heilige bad. Op een dag werd dit aan een novice onthuld, ze zag hoe **Paraskeva** nederig knielde in gebed op de plaats waar de varkens werden gevoerd.

Paraskeva had de gave van helderziendheid, zoals we eerder hebben mogen lezen, hieronder volgen nog enkele voorbeelden.

Op een dag bewaakte de 14-jarige Barbara een veld vol meloenen in de buurt van het klooster waar **Paraskeva** verbleef. De heilige kwam naar haar toe, vergezeld door haar novicen, en begon te schreeuwen: "Waarom omsingelen jullie haar? Wil je dat zij alles voor je doet? Maar ze is een dame! Ze wordt in een karretje vervoerd en krijgt een hoed op haar hoofd. Dan zal ze trouwen, en haar man zal doodbloeden en sterven. En ze zal ziek worden en ziek zijn, ziek, en dan zal ze gered worden."

Deze voorspelling kwam volledig uit. Het huis van de ouders van Barbara werd onteigend en het hele gezin werd uit huis gezet. Barbara moest lange tijd rondtrekken en had geen vaste verblijfplaats. Uiteindelijk trouwde ze met een hoofdboekhouder en werd zo inderdaad een 'dame'. Ze werd rondgereden in een rijtuig en was altijd zeer smaakvol gekleed. Maar na de oorlog keerde haar man van het front terug met ernstige verwondingen die hij daar had opgelopen. Hij leefde niet lang meer na thuiskomst, kreeg een hersenbloeding, en stierf. Barbara werd ziek en verloor hierdoor haar interesse in het sociale leven. Ze werd vroom, ging naar de kerk en bracht de rest van haar leven door in gebed en berouw.

In een ander incident zie je eveneens het inzicht van **Paraskeva** bevestigd worden. Een vrome vrouw genaamd Anna was op de markt aan het handelen. Ze was zeer bedroefd dat **Paraskeva** en haar gevolg niet naar haar toe kwamen voor een aalmoes. Na tot God te hebben gebeden zag ze hoe één van de novicen recht op haar afkwam. Deze vertelde de handelsvrouw dat **Paraskeva** haar met geweld naar de markt had geduwd, onderwijl zeggend dat ze moest rennen, omdat daar hen een aalmoes wachtte.

Paraskeva kreeg van bovenaf ook bericht over het grote ongeluk dat het land te wachten stond. Ze vertelde haar dierbaren dat er binnenkort een vreselijke oorlog zou uitbreken waarin veel mensen zouden sterven. Zo zouden de orthodoxe gelovigen met hun bloed betalen voor de gemeenschappelijke zonde, namelijk het afwijken van het ware, reddende pad van God.

Op een dag liep ze met de novice Anyuta langs de spoorlijn, bleef plotseling staan en zei: "Graaf loopgraven, er zal binnenkort oorlog zijn. Er zal een oorlog zijn en veel mensen zullen sterven, dus bid voor hen." Ook zei ze dat er in de stad Lisichansk veel 'schreeuwers' zouden zijn. Zodra zij tot God riepen, zou de stad ongedeerd blijven. Met 'schreeuwers' bedoelde ze mensen die met hun vurige gebeden de stad en haar inwoners zouden redden.

Toen de oorlog begon, zei **Paraskeva** tegen Anyuta dat ze voortdurend moest bidden voor alle gevallen soldaten. Ze zei dat zij dan op hun beurt de Heer zouden vragen om voor hen de deuren naar het Koninkrijk der Hemelen te openen.

Toen de mobilisatie tijdens de grote oorlog werd aangekondigd, kwamen veel gelovige soldaten voordat ze naar het front gingen naar **Paraskeva** voor een zegen. Een zekere Ivan kwam naar haar toe, waarbij ze drie uien in zijn zak stopte. Daarna nam ze hem bij de hand en leidde hem van de ene kamer naar de andere met de woorden: "Ga, je zult leven." Er ging wat tijd voorbij toen **Paraskeva** plotseling, midden in de nacht opsprong en ze haar novice wakker begon te maken: "Sta op! Sta op! Ivan verdrinkt!" Iedereen werd wakker, stak de lamp en de kaarsen aan en begon te bidden. Later ontving ze een brief van het front waarin Ivan schreef dat hij bijna was gestorven bij het oversteken van de rivier. Alle soldaten verdronken, maar hij bleef op wonderbaarlijke wijze in leven. Vervolgens belandde hij in Duitse krijgsgevangenschap, waar hij precies drie jaar doorbracht, voordat hij wist te ontsnappen. Toen de oorlog voorbij was, keerde hij levend naar huis terug, zoals **Paraskeva** had voorspeld.

Ook profeteerde **Paraskeva** over de eindtijd. Men vroeg haar: "Hoe snel zal dit zijn?", waarop zij antwoorden: "Er zal een derde wereldoorlog komen en die zal uit de Kaukasus komen".

Toen het Starobelsk-klooster werd gesloten, zei ze dat het hoe dan ook zou worden geopend en dat zij erbij zou zijn. Op een dag bracht ze een steen mee en begroef die bij de kerk, terwijl ze zei: "En het klooster zal opengaan, en er zullen daar diensten zijn, en ik zal daar zijn!" Ook zei ze: "De tijd zal komen dat jij mijn zondige botten naar Starobelsk zult vervoeren. Hier zal een Nieuw Jeruzalem zijn. Als de regering verandert, breng je mij per ossen naar Starobelsk." In 1992 begon inderdaad de heropleving van het klooster.

Uiteindelijk verliet de fysieke kracht **Paraskeva** en voelde ze het einde van haar leven naderen. Daarvoor was ze al gestopt met zich als een dwaas te gedragen. Ze communiceerde met haar buren zoals met alle mensen. De waanzin waarmee ze zichzelf beschermde tegen wereldse roem en haar genadegaven verhulde, was voor haar niet langer nodig. Ze bereidde zich voor op haar hemelse vaderland.

Op 30 oktober 1942 ontsliep **Paraskeva** vredig in de Heer, op de herdenkingsdag van de heilige martelaar Andreas van Kreta. Er kwamen zoveel gelovigen vanuit de regio naar haar begrafenis dat alle straten van de stad vol stonden met mensen. Vóór haar dood had ze iedereen opgedragen: "Als ik sterf, kom dan naar mijn graf." Om haar wil te vervullen, stroomden de mensen naar de geliefde heuvel om hun verdriet te uiten en de zegen van de overleden rechtvaardige vrouw te vragen voor al hun dagelijkse bezigheden.

Paraskeva werd begraven in een van de binnenplaatsen. Gelovigen kwamen daar voortdurend bijeen. Veel mensen die langs de binnenplaats liepen bleven staan en bogen, tot ergernis van de Duitsers die de bezette stad nog niet hadden verlaten. Ze gaven opdracht de kist met het lichaam van de overledene naar de begraafplaats te verplaatsen, anders dreigden ze het met de grond gelijk te maken. Hierop begroef men **Paraskeva** ergens anders.

Meerdere jaren na de begrafenis had een dienares van God, genaamd Anastasia, een droom waarin **Paraskeva** verscheen en zei: "Til me op, anders lig ik in het water." In eerste instantie geloofde ze niet wat er in de droom gezegd werd. Toen herhaalde het visioen zich. Daarom vertelde ze dit aan de geestelijk vader van het bisdom, die **Paraskeva** kende en vereerde tijdens haar leven. Hij zei zelfs dat hij van de dood werd gered door haar gebeden, toen hij in de Karelische kampen gevangen zat vanwege zijn geloof. Hij verzamelde de gelovigen en begon haar op te graven. Toen ze de kist bereikten zagen ze inderdaad water dat reikte tot aan de rottende kist zelf. Er was namelijk een kloof in de buurt, waar voortdurend water doorheen stroomde. Vooral in het voorjaar, zodra de sneeuw begon te smelten, was er veel water. Het ongeschonden lichaam van **Paraskeva** werd daarom overgebracht naar een nieuwe kist.

Nadat ze een crypte hadden gemaakt, begroeven ze **Paraskeva** opnieuw in de binnenplaats waar ze haar laatste dagen had doorbracht. Ze had het bevel gegeven dat er na haar dood geen familie meer mocht wonen en dat er geen vee meer gehouden mocht worden, omdat het een plek was om te bidden.

Na haar dood liet **Paraskeva** degenen die zich tot haar wenden voor hulp niet in de steek. Velen die naar haar graf kwamen vonden (en vinden nog steeds) genezing en troost, en krijgen een oplossing voor moeilijke levensproblemen.

Gabriël van Tbilisi

20 oktober

Van alle heilig verklaarde dwazen is **Gabriël** uit Tbilisi zeker een van de meest recente. Hij werd op 26 augustus 1929 geboren als Goderdzi Urgebadze te Tbilisi in Georgië.

Goderdzi bleek sinds kindsbeen begiftigd met Goddelijke Genade. Hij was een serieuze, stille en bedachtzame jongen, zachtaardig en liefdevol naar iedereen om hem heen. De jonge Goderdzi gedroeg zich op sociaal vlak anders dan andere kinderen. Hij stopte vaak met spelen met zijn vrienden en was liever alleen en in stilte. Zijn andere ongewone vermaak bestond uit rondrennen met een takje, waar tjilpende vogels de gehele tijd op bleven zitten. Hoewel nog niet gelovig bouwde hij kerkjes van kiezelstenen en stak er lucifers in aan om ze te verlichten. Dit gedrag kun je op zijn zachtst gezegd merkwaardig noemen, aangezien hij op dit punt in zijn leven niets wist over Christus.

Op 12-jarige leeftijd zat Goderdzi 's avonds buiten in gedachten verzonken, zoals vaker, toen hij een stem van binnen tot hem hoorde spreken: "Kijk omhoog naar de hemel". Hierop keek hij omhoog en zag een gigantisch kruis schijnen met een buitenaards licht. Hetzelfde lezen we in andere hagiografieën, bijvoorbeeld in die van Constantijn de Grote, die een oplichtend kruis zag net voor een veldslag, en hoorde zeggen: "In dit teken zult gij overwinnen." Later vertelde Goderdzi dat hij toen niet wist dat dit zijn kruis was om te dragen voor zijn liefde voor God en zijn volk. Dit kruis vertegenwoordigde de vele beproevingen, strijd en vervolgingen die hij zou moeten ondergaan in zijn leven.

Door een vreemde reeks aan gebeurtenissen zou hij uiteindelijk God leren kennen. Tijdens een ruzie tussen twee buren, hoorde hij als 7-jarige jongen de ene buur zeggen dat de ander hem had gekweld, maar de buurman verwoordde het heel specifiek, namelijk "als Christus aan het kruis". Deze uitspraak maakte Goderdzi nieuwsgierig. In zijn kinderlijke onschuld vroeg hij wie Christus was en waarom Hij gekweld was op een kruis. Vanwege de vijandigheid richting alles wat christelijk was, waren de volwassenen bang om over Christus te praten en stuurden het kind naar de kerk, om daar antwoord op zijn vraag te vinden.

Onmiddellijk haastte Goderdzi zich naar de dichtstbijzijnde kerk, maar deze was door de communisten gesloten, en de ingang werd bewaakt door een soldaat. Hij stelde aan de bewaker zijn vragen, en bewogen door de onschuld van de jongen liet deze man hem de kerk in en leidde hem naar het kruis. De soldaat vertelde hem dat dit Christus aan het kruis was. Daaraan voegde de man toe dat wanneer Goderdzi meer over Zijn leven te weten wilde komen, hij het leven van Christus moest lezen.

De leergierige Goderdzi pakte thuis al zijn spaargeld, zeventig roebels, en ging naar de boekenmarkt. Daar vroeg hij alle verkopers naar het boek "het leven van Christus", maar overal ving hij bot. Hij begon de hoop te verliezen en liep naar de laatste verkoper toe. Deze overhandigde hem het Nieuwe Testament, waar hij precies zeventig roebels voor vroeg. Goderdzi kocht het boek en liep terug naar huis, maar onderweg begon hij te twijfelen of hij wel het goede boek had gekocht, omdat het niet als titel "het leven van Christus" had. Hij snelde terug naar de markt, maar kon de man die hem het boek verkocht had nergens vinden. Niemand kon zich überhaupt deze man herinneren van wie Goderdzi het Nieuwe Testament had gekocht. Hij keerde thuis terug en vanaf dat moment dompelde hij zich onder in het

Evangelie. Binnen een paar jaar had hij de tekst praktisch uit zijn hoofd geleerd.

Het jonge hart van Goderdzi brandde van liefde voor God en hij begon een steeds religieuzer leven te leiden. Elke dag besteedde hij alsmaar meer tijd aan gebed en hij ontnam zichzelf steeds meer comfort. Verder at en sliep hij weinig en bracht zijn nachten door in gesprekken met God.

Zijn liefde voor het geloof is duidelijk te zien in een andere anekdote uit zijn jeugd. De jonge Goderdzi—het is onduidelijk hoe oud hij hier was—begon iconen te verzamelen die door mensen werden weggegooid of aan hem werden geschonken, omdat ze er toch niets meer mee deden. Vaak verstopten mensen iconen op zolderkamers of andere schuilplaatsen. (Zoals gezegd leefde de heilige in een antichristelijke periode waarin iedere vorm van godsdienstigheid werd afgestraft, vooral Christendom.) Goderdzi bezocht zulke mensen en zei tegen hen, zonder dat hij ze kende: "U heeft een icoon in uw huis. U moet er óf respect voor tonen, óf het aan mij geven. Ik zal het veilig bewaren. Als u het icoon later toch weer terug wilt, kom dan naar mij toe, dan geef ik het u graag terug." Sommige gelovigen hadden berouw en hielden de iconen alsnog zelf. Degenen die dat niet van plan waren gaven hem hun iconen. Verder bezocht Goderdzi vuilstortplaatsen om daar weggeworpen iconen vandaan te scharrelen.

De jongen zorgde met bijzondere liefde voor de iconen. Hij reinigde en verfraaide ze op verfijnde en ijverige wijze. Later zouden deze iconen in zijn cel van het klooster hangen en staan, wat iedereen verwonderde. Nog steeds bestaat deze cel. Deze prachtige iconen sieren bijna alle muren en zelfs het plafond, wat een onvergetelijke indruk maakt op pelgrims of gasten. Zoals Maya Ebralidze, een spirituele dochter van hem zei: "Toen we de cel van **Gabriël** binnenkwamen, voelde ik zoveel genade, alsof de liefde tastbaar was geworden, alsof ik in een andere wereld, een andere atmosfeer was". Maar zover zijn we nog niet...

Op 12-jarige leeftijd stond Goderdzi al in de omgeving bekend als een heilige jongen. Het was de mensen opgevallen dat er wonderlijke gebeurtenissen rond hem plaatsvonden. De tweede wereldoorlog was in volle gang en mensen hadden vaak het contact met familieleden verloren. Omdat ze wisten dat Goderdzi vreemde bovennatuurlijke giften bezat, kwamen ze naar hem toe en de jongen openbaarde informatie aan hen over hun geliefden. Goderdzi was wars van alle lof en dankbaarheid van mensen en stond vaak op een berg afval om zichzelf nederig te maken, onderwijl zeggend: "Houd altijd voor ogen dat je afval bent, en denk nooit hoog over jezelf."

Jaren later werd er aan zijn halfzus Julietta gevraagd naar haar vroegste herinnering aan haar broer en zij vertelde het volgende: "Mijn eerste herinnering aan hem is hoe **Gabriël** de tuin in kwam vliegen, met uitgestrekte armen en benen, alsof het vleugels waren. [voor de duidelijkheid: hij zweefde letterlijk boven de grond, dus niet zoals kinderen doen alsof ze vliegen.] Ik was toen ongeveer vijf jaar oud en hij twaalf. Mijn vader huilde bittere tranen nadat hij dit had gezien, denkend dat er iets mis was met **Gabriël**. Niemand begreep hem en ik stond versteld van wat ik zag. We hadden twee vrome vrouwen die naast ons woonden, Nina en Maro. Zij zeiden in verbazing en Godvrezend dat Goderdzi de dienaar van God was."

Zijn moeder Barbara was bang dat iemand de daden van haar zoon zou hebben gezien, en het gezin vervolgd zou worden vanwege een opvoeding die in strijd was met de communistische ideologie. Ze was bezorgd over zijn veiligheid en op een dag confronteerde ze Goderdzi. Ze zei hem dat hij een fanaticus was en vroeg hem waarom hij in niets anders geïnteresseerd was dan in God. Goderdzi begreep zijn moeders zorgen niet, want voor hem was Christus zijn leven, niets anders telde nog. Toen zijn moeder zag dat haar zoon standvastig bleef en haar niet gehoorzaamde, begon ze hem te slaan.

Niets wat ze deed werkte. Op een dag pakte ze woedend het Nieuwe testament, wierp het in de prullenbak, en zei; "Dit boek heeft je leven geruïneerd!". Dat was het moment waarop Goderdzi zich realiseerde dat hij geen andere keuze had dan zijn ouderlijk huis te verlaten. Hij pakte enkele van zijn bezittingen en toen iedereen sliep vertrok hij stil huilend met het Nieuwe Testament tegen zijn borst aangedrukt. Terwijl hij door de straten van Tbilisi liep raakte zijn hart gevuld met een groot verdriet en eenzaamheid. De 12-jarige jongen werd getroost door de woorden van Christus: "Als iemand achter Mij aan wil komen, moet hij zichzelf verloochenen, zijn kruis opnemen en Mij volgen. Want wie zijn leven zal willen behouden, die zal het verliezen; maar wie zijn leven zal verliezen om Mij, die zal het vinden." (Mattheüs 16:24-25)

Na twee dagen lopen bereikte Goderdzi het oude klooster van Samtavro in Mtskheta waar de monialen hem hartelijk welkom heetten. Ze gaven hem te eten en boden hem een plaats aan om te slapen. Hij kon hier echter niet blijven, omdat het een klooster strikt voor vrouwen was. Goderdzi was hierover bedroefd, want hij voelde zich verbonden met Samtavro. Voordat hij verder ging bad hij voor het icoon van de Moeder Gods, en smeekte haar om hem hier te laten wonen. Deze hartenwens zou jaren later vervuld worden.

De weg leidde hem daarna naar het klooster van Svetikhoveli, waar de monniken hem welkom heetten, maar ook hier kon hij niet blijven. Er was namelijk een wet die het verbood dat kinderen in een klooster woonden. Doordat hij maar enkele dagen in elk klooster kon blijven moest hij wel van klooster naar klooster trekken.

Uiteindelijk kwam Goderdzi bij het Bethanië-klooster, waar hij twee heilige monniken ontmoette; de heilige Johannes Maisuradez (21 september) en de heilige Georgios Mkheidze (21 september). Deze heilige vaders herkenden direct de spirituele potentie van de jongen. Ze lieten hem proeven van het leven van een monnik; een leven van gehoorzaamheid, gebed en berouw. Twee weken lang bleef Goderdzi bij hen. Deze twee mannen werden de sterke basis die hem voorbereidde op de vele beproevingen die hem te wachten stonden. Hij had vooral een diepgaande band met Georgios, die uiteindelijk ook zijn spiritueel vader werd. Tijdens zijn jeugd zou Goderdzi nog vele malen terugkeren naar dit klooster. Elke keer weer vond de jongeman bij de twee heilige vaders de liefde en spirituele begeleiding die hij nodig had.

In het midden van de winter keerde Goderdzi terug naar Tbilisi, het was er ijskoud en de daken waren met sneeuw bedekt. Op een dag zag een vrouw genaamd Margo hem zitten op straat. Het viel haar op dat hij wel erg licht gekleed is. Ze liep naar hem toe en nadat ze hoorde dat hij weggelopen was van huis, nodigde ze hem uit om met haar mee naar huis te komen. Goderdzi stemde toe, omdat hij zag dat Margo een vriendelijk en oprecht mens was.

Al snel kwam hij er achter dat Margo een vooraanstaand waarzegster was. Deze realisatie doet hem veel verdriet, maar dit veranderde nadat hij hierover gebeden had. Hij begreep dat hij geduldig moest wachten. Veel mensen zochten hulp bij Margo en onderwijl observeerde Goderdzi alle sessies met haar klanten.

Op een dag werd Margo ziek en was erg overstuur, want dit betekende dat ze niemand kon ontvangen en dus geen inkomen had. Tot haar verrassing bood Goderdzi aan om haar cliënten te ontvangen in haar plaats. Nadat ze hier met aarzeling mee akkoord was gegaan, greep Goderdzi zijn kans. Hij verzamelde al zijn iconen, welke hij op de tafel legde. Hierna nodigde hij alle cliënten tegelijkertijd uit om de kamer te betreden. De mensen waren verbaasd, maar kwamen allen om de tafel heen staan. Dit alles werd door Margo, die in de andere kamer was, gadegeslagen.

Goderdzi begon over God en de Kerk van Christus te prediken. Hij legde uit dat het raadplegen van waarzegsters en inmenging met hekserij hen blootstelde aan demonische krachten en dat ze zich berouwvol tot Christus moesten wenden. Vervolgens begon hij aan eenieder dingen te beschrijven uit hun leven, geheimen die anderen met geen mogelijkheid konden weten. Ook vertelde hij hen dingen die hen nog zouden overkomen. Zelf zei Goderdzi dit over deze gebeurtenis: "De Heer maakte mijn geest zo dat ik ze allemaal bij naam kende en hun levens aan mij werden geopenbaard".

Toen de mensen zagen dat alles wat de jongen zei waar was, gaven ze grote hoeveelheden geld voor deze uitzonderlijke en unieke spirituele sessie. Al dit geld gaf Goderdzi aan Margo en legde haar uit dat wat hij gedaan had met de autoriteit van Christus was, terwijl haar acties mensen langs een gevaarlijk pad hadden gevoerd. Margo was zo diep geraakt hierdoor dat ze stopte met waarzeggerij en zich bekeerde tot de Orthodoxie.

Na drie maanden vond zijn moeder hem uiteindelijk bij Margo thuis. Ze was zo blij hierom dat ze beloofde zich nooit meer zijn spiritueel leven te belemmeren. Ook verontschuldigde ze zich dat ze hem zo slecht behandeld had. Eindelijk was Goderdzi weer thuis, waar hij doorging met zijn ascetische inspanningen en elke dag dichter tot God kwam.

Ergens in 1949 werd Goderdzi opgeroepen voor dienstplicht. Hoewel de soldaten de militaire basis niet mochten verlaten werd Goderdzi, dankzij Gods voorzienigheid, aangesteld als koerier. Hierdoor kon hij tijdens zijn dienst alle Liturgieën bijwonen. Daar gaf de priester hem stiekem de Heilige Communie in het altaar.

Het duurde niet lang voordat zijn kameraden en meerdere het diepe geloof wat hij in God had bemerkten, en ze gaven Goderdzi aan bij de communistische autoriteiten. Hij werd naar een militair ziekenhuis gestuurd, waar hij rapporteerde over zijn ontmoeting met een demon. Ze verklaarden hem geestelijk gestoord en achtten hem ongeschikt voor het leger, maar verder geen gevaar voor de samenleving. Jarenlang achtervolgde dit hem in de maatschappij, waar hij geen werk kon vinden en mensen het vermeden met hem gezien te worden. Diep in zijn hart verlangde hij erna om monnik te worden, maar tijdens die donkere tijden was het erg moeilijk om in een klooster te treden.

Doordat hij nu veel tijd had, was hij bij elke dienst in de Sioni Kathedraal in Tbilisi te vinden. Dit feit ontging Patriarch Melchizedek III van Georgië niet en hij realiseerde zich al snel dat Goderdzi een uitzonderlijk iemand was. Nadat hij erachter kwam dat hij de Georgische kerkelijke taal kende, maakte hij hem al snel een lezer. Tijdens de diensten in de kerk ontstond er een hechte relatie met de Patriarch, die grootse plannen had met Goderdzi. In 1953, het jaar dat Josef Stalin overleed, werd hij tot subdiaken gewijd, en in 1955 ontving Goderdzi de monnikswijding met de naam **Gabriël**. Snel daarna kwam de priesterwijding, wat zeer zeldzaam was in die tijd. Priestermonnik **Gabriël** diende de daaropvolgende zes jaar met de Patriarch, terwijl hij in een kleine eigen gebouwde kluis leefde achter het huis van zijn familie.

In 1960 verhuisde **Gabriël** naar het Bethanië-klooster om dicht bij zijn spirituele vader Georgios te zijn. Op een ochtend, terwijl **Gabriël** diende in een andere kerk, realiseerde Georgios zich dat hij het einde nabij was, en vroeg zijn spiritueel kind voor de laatste keer te zien. De spirituele connectie tussen heb beide was zo diep dat **Gabriël** tijdens het dienen van de Heilige Liturgie ineens een intens impuls voelde om naar zijn geliefde ouderling te gaan.

Na de Liturgie haastte **Gabriël** zich snel naar het klooster. Met betraande ogen luisterde hij naar de laatste woorden van zijn spiritueel vader. Deze vertelde hem dat zijn pad bezaaid zou zijn met verdriet en uitdagingen, maar hij moedigde hem ook aan dat de Heer bij hem zou zijn en Christus hem zou helpen dit alles te dragen. Georgios ontsliep in de armen van zijn geliefde spiritueel zoon op 21 september 1960. Tot **Gabriël**s grote verdriet werd het Bethanië-klooster gesloten na het overlijden van enkele priesters. Hierop keerde hij terug naar zijn kluis en bouwde hij eigenhandig een kerk met zeven koepels op de grond van zijn ouderlijk huis. Verder diende hij in de Drie-eenheidskerk, waar hij een kleine parochie hoedde.

Op 1 mei 1965 werd **Gabriël** overal in Georgië bekend omdat hij een spandoek met daarop Vladimir Lenin in brand stak, tijdens een parade op de Internationale Arbeidersdag in Tbilisi. Daarna hield hij een verontwaardigde toespraak tot de aanwezige mensen waarin hij God verheerlijkte: "Er is geen eer nodig voor deze dode man, maar eer voor Christus, Die de dood heeft onderworpen en ons met het eeuwige leven heeft gezegend." De woedende aanwezigen sleepten hem uit het raam en wierpen hem op het plein neer, waar ze hem bekogelden met stenen en hem genadeloos hard sloegen en trapten. Alleen door de tussenkomst van zwaar beschutte handhavers werd het leven van **Gabriël** gered.

Half dood en ernstig beschadigd werd **Gabriël**, met zeventien breuken aan zijn schedel en andere delen van het lichaam, naar het ziekenhuis van de veiligheidsafdeling gebracht. Jaren later vroeg men hem waarom hij zo'n risico had genomen, hierop antwoorde hij: "Ik ben een priester en God heeft mij de zorg voor zijn schapen toevertrouwd. Ze hadden een afgodsbeeld opgericht en wilden dat de mensen voor dit afgodsbeeld zouden buigen. Dit is een type van de Antichrist, een beeld van een mens, of liever een beest, en de communisten wilden hem de eer geven die alleen God toekomt. Ik kon dit niet laten voortduren."

Na deze gebeurtenis werd **Gabriël** in de gevangenis gegooid, waar hij dagelijks ondervraagd en gemarteld werd. Hij werd later ter dood veroordeeld, maar de machthebbers van het communistische regime hadden een speciaal belang bij deze zaak. De autoriteiten wilden dat hij publiekelijk toegaf dat het de kerkelijke autoriteiten waren die achter dit incident zaten. Ze beloofden hem zijn leven te sparen wanneer hij publiekelijk zijn excuus zou aanbieden, en hij zou zeggen dat hij deze verwerpelijke daad onder invloed van zijn Christelijke geloof had begaan. Ondanks de verschrikkelijke martelingen die zij hem aandeden, bleef **Gabriël** zwijgen. Jaren later vroeg men hem naar deze ondervragingen, waarop hij zei dat de menselijke natuur deze verschrikkingen niet zou kunnen doorstaan zonder hulp van God.

Op een bepaald punt, terwijl **Gabriël** aan het bidden was om deze oneindige martelingen te laten stoppen, kreeg hij een visioen van een lichtgevende nummer zeven. Hij begreep direct dat dit betekende dat hij na zeven maanden vrij gelaten zou worden. Hierna gebeurde er iets wonderlijks. Sommige mannen die hem martelden kwamen in het geheim bij hem om zich te verontschuldigen. Al snel werd hij verplaatst van de isoleercel naar de algemene gevangenispopulatie, waar hij binnen korte tijd mensen voor zich won die hem beschermden tegen fanatiekelingen. De martelingen en ondervragingen door de autoriteiten gingen overigens onverminderd door.

Uiteindelijk werd monnik **Gabriël** als geestesziek naar het gesticht gebracht, in plaats van de doodstraf te krijgen. De Sovjetregering was van plan hem voor altijd in het ziekenhuis te houden. Het rapport getuigt van hun antichristelijke tendensen, daar al zijn godsdienstigheid werd gekenmerkt als psychotisch of anderzijds gestoord.

De officiële diagnose luidde: "psychopathische persoonlijkheid, met aanleg voor psychopathische uitbarstingen van een schizofreen karakter. Op 12-jarige leeftijd verbeelde hij zich dat hij een boze geest zag, met hoornen op zijn hoofd. De patiënt blijft volhardend volhouden dat de duivel verantwoordelijk is voor alles wat mis gaat in de wereld. Hij gelooft in het bestaan van het hemelse leven, God, engelen, et cetera. De hoofdas van conversatie met deze psychopathische patiënt is gericht op het geloof dat alles gebeurt volgens Gods wil. Wanneer iemand met hem probeert te praten herinnert hij hen aan God, engelen, iconen, et cetera."

Door zijn standvastig geloof en onbevreesdheid in het belijden van zijn geloof, werd hij opnieuw als een gek beschouwd. Na exact zeven maanden gevangen te hebben gezeten lukte het

Avlipi Zurabashvili, een beroemde orthodoxe medische wetenschapper en een vriend van Patriarch Ephraim II, om **Gabriël** vrij te krijgen door zijn machtige connecties in te zetten.

Ondanks het feit dat het priesterschap van monnik **Gabriël** onaangeroerd bleef, werd hij geschorst uit het priesterambt. Dit was een van de voorwaarde die gesteld werd bij zijn vrijlating. Hij keerde na zijn vrijlating terug naar zijn geliefde kluis in Tbilisi.

Als mensen hiervoor al bang waren met hem om te gaan, werd dit nu nog meer versterkt. Velen beschouwden hem als compleet gestoord. **Gabriël** putte troost en kracht uit de woorden van Christus in Johannes 15:19: "Als u van de wereld zou zijn, zou de wereld het hare liefhebben, maar omdat u niet van de wereld bent, maar Ik u uit de wereld heb uitverkoren, daarom haat de wereld u."

Wat **Gabriël** veel verdriet deed, was dat hij, doordat hij uit het ambt geschorst was, niet meer de Heilige Liturgie als priester kon celebreren. In plaats daarvan moest hij deze als een leek ontvangen. Toch zag hij dit als een kans om zichzelf te vernederen. Al snel zou deze troost hem echter ook ontnomen worden.

Op een dag werd hij door Patriarch Ephraim II bij zich geroepen om over zijn kluizenaarswoning te spreken. De regering was volgens hem woedend over de kerk die hij gebouwd had, en eiste dat deze gesloopt zou worden. De Patriarch was bang om tegen de regering in te gaan, maar beloofde dat wanneer de tijden zouden veranderen **Gabriël** de kerk weer kon heropbouwen.

Zoals verwacht weigerde **Gabriël** dit te doen en wees de Patriarch op het feit dat, wanneer je de atheïsten hun zin zou geven, ze vervolgens zouden eisen dat de Patriarch het kruis dat hij op zijn borst droeg verwijderde. Hij begreep niet hoe de Patriarch kon eisen dat hij iets vernietigde wat hij ter ere van God had gebouwd. Uiteindelijk gaf hij toe, omdat hij inzag dat de Patriarch in een moeilijke positie verkeerde.

Een paar dagen later kwam de Patriarch samen met de autoriteiten langs om er zeker van te zijn dat **Gabriël** deed wat hem opgedragen was. Gehoorzaam begon hij met het slopen van twee receptieruimtes. Dit stelde de communisten tevreden en ze gingen samen met de Patriarch weg. Zodra ze weg waren stopte **Gabriël** met de sloop van het gebouw en liet hij zijn cel en kerk ongemoeid. Uiteraard bleef dit niet lang verborgen voor de autoriteiten en Patriarch Ephraim II riep hem opnieuw ter verantwoording. **Gabriël** zei dat hij hetgeen hij gesloopt had enkel gedaan had omdat de Patriarch er was. Maar na een paar dagen werd het tijd om weer op te bouwen. Doordat hij nagelaten had te doen wat hem opgedragen was werd **Gabriël** geëxcommuniceerd van de Orthodoxe Kerk.

Al snel kwamen de Sovjetautoriteiten en sloopten zijn cel. Terwijl hij en zijn zus toekeken zei hij tegen haar dat ze zich geen zorgen moest maken. Vandaag zouden de sovjets zich verheugen, maar morgen zouden zij bedroefd zijn en **Gabriël** zich verheugen. Op vrachtwagens werd alles wat gesloopt was weggevoerd, maar **Gabriël** haalde alles weer terug. Toen zijn zus protesteerde zei hij tegen haar: "Ze hebben gedaan wat God hun toelaat. Ze kunnen niets meer vernietigen". Een tijd later kwam de lokale partijleidster zelf naar hem toe om haar excuus te maken voor wat er gebeurd was. Ze bood zelfs aan om te betalen voor de reconstructie, wat **Gabriël** weigerde. Hij vond een andere manier om zijn cel en kerk opnieuw op te bouwen, en beide staan er nog steeds.

Dikwijls werd **Gabriël** naar de veiligheidsafdeling geroepen en kwam genadeloos geslagen thuis. Eén keer werd hij zo zwaar geslagen dat hij niet meer zelfstandig kon lopen. Sovjet-veiligheidsagenten belden vervolgens zijn familieleden en informeerden hen over het adres waar ze de mishandelde monnik hadden achtergelaten.

Vanwege alle verdriet besloot **Gabriël** zich voor te doen als geestesziek. In plaats van stil te zijn, predikte hij luid op straat. Waar hij tot nu toe volledig weigerde wijn te drinken, dronk hij nu onder de mensen en deed alsof hij dronken was. Oftewel, de typische gang van zaken bij een dwaas voor Christus.

In zijn geveinsde dwaasheid gooide **Gabriël** een kruik zonder bodem over zijn rug, terwijl hij op blote voeten van huis tot huis door de straten liep, en dat zo nu en dan herhaalde. "Een mens zonder liefde is als deze kruik zonder bodem!", riep hij dan. Verder droeg **Gabriël** vaak een diadeem op zijn hoofd, en liep zoals vele heilige dwazen blootsvoets onder alle weersomstandigheden. Naast het prediken op straat—zoals eerder genoemd stond hij vaak op een berg afval om zijn eigen onwaardigheid te benadrukken—stelde hij ondeugden aan de kaak en hielp hij mensen in het geheim.

Op een dag besloot een groep jongens de cel van **Gabriël** te bezoeken. Bij aankomst zagen ze hem dronken heen en weer zwaaiend voor zijn cel staan. In de ene hand hield hij een fles met wijn en in de andere een glas. Onderwijl riep hij de jongens dichterbij te komen en schonk zichzelf nog een glas in wat hij in één teug achterover sloeg. Terwijl hij de jongens advies gaf bleef hij proosten en dronk beker na beker na beker leeg. Elk van de jongens hoorde wat hij hen vertelde op een andere manier en haalde er iets heilzaams voor zichzelf uit.

Er was één jongen uit de groep die zich zeer verontrust voelde door het gedrag van de monnik en hem boos aankeek. Op het moment dat de groep vertrok, keek **Gabriël** ineens met een nuchter gezicht de betreffende jongen aan en riep hem naar zich toe. Hij reikt hem een vol glas aan en zei liefdevol "drink wat", de jongen nam een slokje en was verbaasd toen hij in plaats van wijn, verdunde kersensap proefde. **Gabriël** zei toen: "Veroordeel niets en niemand van Gods schepping. Wanneer ik over jou ga oordelen en mezelf hoger acht dan jou, dan zal ik weerzinwekkend zijn voor het aangezicht van de Heer. Houd dit altijd in je achterhoofd en ga in vrede heen."

Deze periode in zijn leven was een tijd van extreme ascese en intense spirituele oorlog. Hij nuttigde één keer per dag een klein beetje droog brood en water. Ook droeg hij zware ketenen om zijn lichaam. Hij sliep weinig, nooit liggend, maar altijd zittend op een stoel of in een gat in de grond. De familie van **Gabriël** hoorde vaak urenlang gehuil en klaagzangen uit zijn cel komen. Een tijd lang leefde hij zelfs op een kerkhof in een leeg graf, waar hij alleen hetgeen at dat mensen hem uit medelijden gaven.

Pas in oktober 1971 begon het tij voor **Gabriël** te keren, vijf jaren waren voorbij gegaan sinds hij geëxcommuniceerd was. Op een avond had hij een droom waarin hij zag dat hij in de Kerk stond op de plek waar de mantel van Christus begraven ligt. Het was ochtend en de Patriarch zou snel arriveren. Iedereen van de clerus was verzameld om hem te ontmoeten. De bellen klonken, eindelijk betrad de Patriarch de kerk en vervolgens het altaar. Plotseling, terwijl iedereen stil was, betraden ook de Redder Zelf en Moeder Gods de ruimte. Ze kwamen naar **Gabriël** toe en zeiden hem door de koninklijke deuren het altaar in te gaan. Ze plaatsten hem voor de heilige tafel. Toen keek de Redder naar de Patriarch, wees naar **Gabriël** met zijn hand en zei: "Ik zal alleen het Offer van hem accepteren" Nadat hij ontwaakte uit de droom voelde hij dat er dingen ten goede zouden veranderen.

Direct na zijn droom bereidde **Gabriël** zich voor om de Heilige Communie te ontvangen en ging de volgende morgen naar de Kerk toe. Daar zag hij Patriarch Ephraim II, die er wat ongemakkelijk uitzag. Dit maakte dat **Gabriël** dacht dat hij ook wat gezien had die nacht. Men vroeg aan hem of hij mee wilde celebreren in het altaar en na de dienst wees de Patriarch, die hem weer in het priesterschap had hersteld, **Gabriël** aan als spiritueel vader van het seminarie in het Samtavro-klooster. Tijdens deze tijd ontwikkelde hij een sterke band met de zusters. Hij werd er geëerd vanwege zijn helende gaven, en zijn rol als spiritueel vader.

Eerst waren de monialen verrast door de 'excentriciteit' van de heilige: **Gabriël** kon de zusters uitschelden, ze van vuile vaat laten eten, verschillende vreemde gehoorzaamheden van hen eisen, of anderzijds iets ongewoons laten doen. Hij probeerde vooral alle tekenen van trots en arrogantie uit te roeien bij degenen die onder zijn geestelijke zorg stonden. Al snel begrepen de monialen dat het onmogelijk was om aanstoot aan hem te nemen; zijn ogen straalden van tedere liefde en genegenheid.

Patriarch Ephraim II overleed en zijn opvolger David V verwijderde **Gabriël** uit het klooster, dus keerde hij weer terug naar zijn cel. Van 1973 tot 1987 bracht **Gabriël** zijn meeste tijd daar door. Toch bleef hij het klooster vaak bezoeken en verbleef er langere tijdsperioden. Het was in deze tijd dat hij vaak rondzwierf, alleen of met een paar metgezellen. Daarbij legde hij soms grote afstanden af, en bezocht plaatsen in gevaarlijke of moeilijk toegankelijke gebieden. In het bijzonder bezocht hij dan verlaten en verwoeste kerken en kloosters, waarbij hij voorspelde dat het bloedige communistische regime zou verdwijnen, en al deze plekken zouden worden hersteld om er opnieuw diensten te houden.

Vader **Gabriël** stond bij veel mensen bekend als de excentrieke, onstabiele en dronken monnik. Maar eenieder die hem leerde kennen prikte snel door deze façade heen, respecteerde hem, en had hem lief. Ook al gedroeg hij zich op een bizarre manier, als een ware dwaas om Christus, kon je de Heilige Geest door hem heen zien stralen.

Wanneer hij iemands diepe verdriet en ongelukkigheid zag, begon hij te huilen en vurig voor diegene te bidden. Hij zei dan: "als we elkaar helpen, dan is God ons genadig. Hij heeft ons een kans gegeven om een goede daad te verrichten." Door de gave van onderscheidingsvermogen was **Gabriël** in staat om onoprechtheid in mensen waar te nemen. IJdele mensen kregen een harde les in nederigheid.

Op een dag stond er een groep mensen bij de poort van Samtavro en ze bespraken hoe **Gabriël** salto's aan het doen was tijdens de Liturgie. Hoewel zij wél wisten dat hij een heilige was, waren er andere mensen die dat niet wisten. Wat moesten die wel niet denken, er zijn toch grenzen? Hoe kon hij dit soort gedrag vertonen? Tijdens dit geroddel stopte er plotseling een taxi waar **Gabriël** uitstapte. Hij liep rechtstreeks hun richting op, stak zijn hoofd in de kring met mensen, keek hen recht in de ogen aan en zei: "Veroordelen jullie mij?" Verbijsterd zwegen ze terwijl **Gabriël** zijn weg vervolgde.

In 1987 werd eindelijk **Gabriël**s vurigste wens, die hij vanaf 12-jarige leeftijd al had, namelijk om te wonen in het Samtavro, ingewilligd. Hij betrok een voormalig kippenhok waar hij niet eens rechtop kon staan. Zeker in de barre winters begreep niemand hoe hij dit leven kon volhouden. Hier ging hij, ondanks zijn verslechterende gezondheid, door met zijn ascese.

In de tijd dat het communistische regime instortte, waren mensen weer vrij om Christus te zoeken. **Gabriël** fungeerde hierin als een fakkel, en verwelkomde iedereen met open armen.

Tijdens zijn laatste dagen predikte monnik **Gabriël** alleen liefde aan al zijn bezoekers, met tranen in zijn ogen: "Denk eraan, God is liefde. Doe zoveel vriendelijkheid als je kunt om jezelf door deze vriendelijkheid te redden. Wees bescheiden, aangezien God barmhartigheid schenkt aan Zijn nederige dienaren. Bekeer u van uw zonden en wacht niet op morgen, want dat is de valstrik van de duivel. Heb elkaar lief, want liefdeloze mensen kunnen het Koninkrijk der Hemelen niet beërven."

Toch was hij duidelijk wat betreft ketterijen. De ouderling noemde Jehovah's Getuigen en andere heterodoxen zichtbare demonen, boodschappers van Satan, en verbood ten strengste om met hen in discussie te gaan, omdat het Evangelie zegt: "Geef wat heilig is niet aan de honden, want ze komen terug om u te verscheuren, en gooi geen parels voor de zwijnen, want ze zullen die vertrappen". (Mattheüs 7:6)

Een dag voor zijn dood zei **Gabriël**: "De tijd is gekomen voor mijn vertrek." Toen streelde hij de icoon van Onze Verlosser, die met zijn rechterhand boven zijn hoofd hing, zweeg een tijdje en zei: "Ik heb u gevolgd, Christus, vanaf mijn twaalfde jaar. Ik ben er klaar voor, haal mij bij U!" Op 2 november 1995 ontsliep **Gabriël**. Naar zijn wil werd zijn lichaam in een mat gewikkeld en begraven op het Samtavro-kerkhof. Na zijn begrafenis werd zijn moeder Barbara een moniale in het Samtavro-klooster met de naam Anna. Ze ontsliep in 2000 op hoge leeftijd, en werd vlak bij hem begraven.

Het mooie van recent levende heiligen is de hoeveelheid aan informatie en anekdotes van gelovigen die gered of genezen zijn door hun gebeden. Hieronder een greep uit de vele wonderbare werken tijdens en na zijn heengaan.

Revaz vertelde over zijn ontmoeting met **Gabriël**: Eind jaren 1980 stond mijn familie op de rand van de ondergang vanwege mijn chaotische leven. Er was geen dag dat ik niet dronk of mijn geld verspilde met gokken. Ik verloor mijn baan en mijn vrienden, en mijn hele familie leed onder mijn gedrag. Diep in mijn hart besefte ik in welke staat ik was, maar ik kon mezelf niet beheersen.

Er werd mij verteld (en ik herinner het me zelf ook) dat ik mijn menselijke uiterlijk had verloren, alles om me heen irriteerde me. Destijds zocht ik geen spirituele toevlucht en het kwam niet bij me op om naar de kerk te gaan, omdat ik de clerus niet serieus nam.

Op een avond voelde ik me depressief en ongewenst, ik wist niet dat dit de avond zou zijn die mijn leven veranderde. Ik zat in het café aan de bar met een glas bier. Te midden van een groot lawaai hoorde ik de heldere, luide, boze stem van een man die eiste dat er bier en wodka in het grootste glas werd gegoten, anders "brak zijn hart" en "hij was bereid om elk bedrag te betalen". "Ik heb geld. Parochianen hebben het gedoneerd!", herhaalde de man met een donderende stem achter mij, terwijl mensen lachten. Ik had geen idee wie de man was.

Plotseling klonk er Georgisch gezang door de ruimte, zo mooi dat ik me omdraaide. Daar zag ik een klein grijsharige priester in vodden, zijn armen gespreid alsof hij dronken was. Hij danste op de maat van de tekst van het lied. Het hele café was in stilte naar hem aan het staren. De priester keek mij aan met zijn grote uitzonderlijke ogen. Plotseling naderde hij en terwijl hij me aankeek zei hij: "Revaz, verbrand wat je in deze zak hebt zitten". Daarna sloeg hij me op de borst op een opzichtige manier, hief zijn handen ten hemel en maakte in een fractie van een seconde het kruisteken over mij. Dit alles gebeurde zo snel dat niemand anders dit zag gebeuren. Velen inclusief ikzelf dachten dat het een soort dansbeweging was.

Snel daarna was de priester klaar met dansen en verliet de bar, onder applaus en opmerkingen van de klanten. Ik stond verbijsterd met tranen in mijn ogen. Ik huilde echter niet vanwege zijn acties, ik huilde omdat zijn woorden mij als een stroomstoot hadden getroffen. In de zak die hij had aangeraakt zat namelijk een zelfmoordbrief die ik eerder had geschreven. Hierin nam ik afscheid van mijn familie. Hoe wist hij dat dit in mijn zak zat?

Gelukkig was **Gabriël** door God naar mij gezonden. Het verbazingwekkendste was nog wel dat ik vanaf die dag niets meer wilde horen over gokken en ik tegelijkertijd alcohol opgaf, samen met het chaotische leven dat daarbij hoorde. Ik reed rond in Tbilisi om de priester te vinden, maar tot mijn telleurstelling vond ik hem niet. Ik vroeg het aan meerdere mensen en kreeg overal hetzelfde antwoord: "hij is een gek die niet altijd verschijnt".

Al snel bekeerde ik mij tot God en begon ik naar de kerk te gaan. Een paar jaar later, toen mijn familie en ik naar Mtskheta reisden en het Samtavro-klooster bezochten, zag ik op één van de graven, waar mensen zich verdrongen, een grote foto van de man die mij had gered. Ik stond als aan de grond genageld en er welden tranen in mijn ogen op. De ouderling glimlachte mij toe en ik glimlachte terug, nadat hij mij een knipoog had gegeven vanaf de foto.

Daria vertelde het volgende: Een auto reed over het kind van de buurman heen. Zijn schedel was gebroken. Het kind was ten dode opgeschreven, de operatie duurde vier uur. Na de operatie zwol zijn gezicht en tong op. Na ingesmeerd te zijn met olie van vader **Gabriël** nam de zwelling af en begon het kind weer tot leven te komen. Nu hebben ze hem uit het ziekenhuis ontslagen en hij voelt zich prima.

Mariam deelde: In de derde maand van mijn zwangerschap werd er een echo gemaakt. Je kon zien dat zich een massa cystes had gevormd in het gebied van de maag van de baby. De situatie was zo kritisch dat de artsen mij met klem adviseerden een abortus te plegen. Ik weigerde. Ik begaf me naar vader **Gabriëls** graf om de helende olie van daar als behandeling mee te nemen. Het kind werd gezond geboren. De medische staf reageerde stomverbaasd.

Het verhaal van Nana: Een jonge vrouw had een tumor op haar baarmoederhals. Ze zouden binnen een maand een operatie uitvoeren. In de loop van de maand gebruikte ze olie van vader **Gabriëls** graf. Toen ze voor de operatie naar het ziekenhuis ging, bleek de tumor verdwenen. Het is een echt wonder.

Maia deelde haar verhaal: Een vriendin van mij had meerdere miskramen gehad. Een delegatie uit Griekenland was op bezoek in Georgië. Een van de gasten, een Griekse priester, zei tegen haar: "Je hebt een heilige plaats in Georgië", en zei dat ze naar het graf van vader **Gabriël** moest gaan, wat ze inderdaad deed. Na dit bezoek werd ze een tijdje later inderdaad zwanger.

Het wonderbare verhaal van de gevangene David: Mijn voet etterde, twee van mijn tenen waren aan het rotten, en niets hielp. Ik vroeg mij te laten zalven met vader **Gabriëls** olie. Iemand zalfde mij met de olie en besprenkelde bovendien mijn voet met aarde van **Gabriëls** graf en verbond het. De volgende ochtend haalde ik het verband eraf en zag een wonder: mijn voet was helemaal gezond. Ik ben vader **Gabriël** eeuwig dankbaar.

Een van zijn **Gabriëls** kinderen vertelde hoe ze op een dag, terwijl ze voor haar familieleden bad, bij zichzelf dacht: "Ik kan niet meer voor zoveel mensen bidden. Kon ik maar mijn eigen ziel redden." De volgende dag ging ze naar Samtavro. Ze benaderde vader **Gabriël**, boog voor hem, maar hij zegende haar niet. Hij zei: "Je moet niet alleen bidden voor mensen die je kent, maar ook voor alle zieken, lijdende en gevangenen."

Geheel in lijn met wat hij zei over gebed: "Bid voor iedereen. Bid eerst voor degenen van wie je het meest houdt, zoals je kinderen. Bid daarna voor de rest van je familie, en dan voor al je buren en familieleden. Zegen de stad waar je woont, maar ook alle inwoners van je land. En dat niet alleen. Het is omringd door andere landen. Bid God dat mensen geen vijandschap koesteren. Nu je voor iedereen hebt gebeden, blijft alleen je vijand over. Vergeet hem niet. Bid voor je vijand. Vraag God om zijn hart te vullen met goedheid en zijn geest met wijsheid. Zo kun je voor je vijand bidden. Bid met eerbied, bewust van voor Wie je staat. Christus is altijd onzichtbaar bij ons.

Van dezelfde spirituele dochter—van wie hij overigens voorspelde dat ze moeder zou worden van meerdere kinderen—is een mooie anekdote bewaard over gehoorzaamheid.

Op een dag vroeg **Gabriël**: "Wat betekent het dat vasten als een zonde wordt beschouwd?" Ik zei dat ik het niet wist. Toen beantwoordde de ouderling zijn eigen vraag: "Het betekent dat iemand vanwege een gezondheidsprobleem niet-vasten-voedsel moet eten, maar hij dit weigert omdat het een vastendag is." Een paar jaar later schond ik de zegen van mijn geestelijke vader om vlees te eten (ik gaf toen borstvoeding) en weigerde ik niet-vasten-voedsel te eten. Een paar dagen later werd ik zo ziek van het vasten, en mijn kind werd zo ziek van mijn melk, dat ik er erg spijt van had. Pas toen herinnerde ik me de woorden van mijn spiritueel vader.

Een andere mooie anekdote gaat over dankbaarheid en een val vanuit trots. Een man wilde participeren in een conferentie, en moest daar diverse stukken voor schijven. Telkens deed hij een akathist naar vader **Gabriël** en dankte hem naderhand zodra hij verder was in de selectieprocedure. Maar eenmaal daadwerkelijk gekozen vergat hij elke vorm van dankzegging, en hield zich enkel bezig met de triviale dingen die bij het reizen komen kijken. Hij vertelt over de dag zelf:

"Ik klom op het podium en las mijn paper voor, wat volgens mij respect verdiende. Het publiek applaudisseerde en mijn ijdelheid kende geen grenzen. Ik dacht dat ze daar nooit een betere filologiestudent [het bestuderen van de taal- en letterkunde van volkeren, via hun overgeleverde geschriften, in samenhang met de cultuurgeschiedenis van een volk] zouden vinden en dat ik zou winnen. Ik wilde een buiging maken, maar ik struikelde. Mijn voet bleef haken aan een koord en ik dook met mijn hoofd vooruit van het podium. Ik viel, een grote luidspreker viel bovenop me en een paar lichten op het podium vielen uit. De veiligheidsagenten renden naar me toe om me op te pakken, maar eerst moesten ze me uit de draden halen. Sommige aanwezigen waren verontwaardigd, anderen barstten in lachen uit.

Terwijl ik op de grond lag en bewakers me uit de draden probeerden te verlossen, opende ik mijn ogen en zag dat er een kleine foto van vader **Gabriël** uit mijn zak was gevallen. De ouderling glimlachte op de foto. Toen begon ik ook te lachen. Ik pakte de foto en besefte meteen dat ik een zondig en ijdel man ben, vernederd door ouderling **Gabriël**, die opnieuw liet zien hoe verschrikkelijk hoogmoed en ijdelheid zijn. Maar hij deed het op zijn eigen manier, met humor, zodat we allebei glimlachten. En het belangrijkste: ik besefte dat we de heiligen niet alleen moeten danken wanneer we ze nodig hebben, maar altijd. Ik vergat een dankgebed voor te lezen aan de ouderling, door wiens gebeden de Heer mijn succes had gebracht, en ik belandde in een lastige situatie. Ik ben **Gabriël** dankbaar dat hij bij me is en me er constant aan herinnert: "Wat er ook gebeurt, verlaat God nooit!"

Hegoumena Ketevan Kopaliani vertelde hoe ze vader **Gabriël** voor het eerst in de jaren 1980 zag en getuige was van zijn helderziendheid, ver voordat ze überhaupt nadacht om in een klooster te treden. Op een keer ging ze naar hem toe voor een zegen. "Moge de Heer je zegenen, mijn kind. Je zult de moeder van Georgië worden!" riep hij. Omdat de heilige Nina (14 januari) als moeder van Georgië wordt gezien, dacht ze aan een overdrijving of zelfs grap. Maar jaren later, op 13 juli 1991—na meermaals spirituele raad van **Gabriël** te hebben ontvangen—werd ze hegoumena van het Samtavro-klooster. Zo ging de profetie van de oudste in vervulling, want dit klooster ter ere van de apostelgelijke Nina wordt beschouwd als de moeder van alle kloosters, en de hegoumena als de moeder van heel Georgië.

Een miraculeuze anekdote vertelt over een bezoek van hindoes aan het klooster, die de Drie-eenheid als iets voorspiegelen van hen, maar verkeerd uitgelegd door christenen. Volgen hen is er juist geen eenheid—in hun geval tussen Brahma, Vishnu en Shiva. Vader **Gabriel** antwoordde: "jullie hebben het mis! Onze leer is goddelijk, buitenaards en komt van de Heer. Hoe kan hier een vergissing in zitten? Maar aangezien u dit niet gelooft en zo zelfverzekerd bent, zal ik ook antwoorden met een voorbeeld."

Gabriël nam brood uit een pan, legde het op een dienblad en zei: "Zie je wel: het brood is één en ongedeeld!" Toen maakte hij in de Naam van de Allerheiligste Drie-eenheid een kruisteken over het brood, waarna het gesplitst werd in water, vuur en tarwe. Toen richtte **Gabriël** zich tot de hindoes, die verbijsterd waren door de aanblik: "Kijk eens goed! Water, vuur en tarwe zijn verschenen in plaats van brood. Zo is ook de Heilige Drie-eenheid verdeeld in Drie Personen: de Vader, de Zoon en de Heilige Geest." Vervolgens maakte hij in de Naam van de Heilige Drie-eenheid een kruisteken over het water, vuur en tarwe — en ze veranderden weer in brood.

Aan de hand van deze gebeurtenis besloot de iconograaf Tamuna Gochiashvili een icoon maken van zowel **Gabriel** als Spyridon van Tremithus (12 december), de bisschop die op het Eerste Oecumenische Concilie van 325 de Heilige Drie-eenheid op eenzelfde manier demonstreerde, alleen dan met een baksteen. Terwijl ze aan het icoon werkte kwam haar 5-jarige zoontje binnenlopen. Hij vroeg zich zoals vaker af wie ze aan het 'tekenen' was. Hij keek naar de afbeelding en vroeg naïef met een kinderlijke glimlach: "En waarom worden de korenaren van ouderling **Gabriël** door vuur verteerd?!" Tamuna was sprakeloos van verbazing. Ze had namelijk nog geen vlammen uit de korenaren afgebeeld, maar haar zoon zag ze al.

Vele andere voorbeelden van wonderbare genezingen of reddingen op zijn voorspraak zijn bekend gebleven. Teveel om hier uitgebreid te behandelen. Zo werd een nieuwslezeres op haar gebed tot **Gabriël** gered van een ritje rechtstreeks een ravijn in, nadat ze de macht over het stuur verloor en over een steile ijsberg werd geslingerd. Een vrouw met hevige kanker zag haar ziekte 'medisch onverklaarbaar' snel genezen. Bij iemand werd een niersteen opgelost alsof het niets was. Na een gebed bleek een poliep plotseling verdwenen, net als een cyste bij een ander. Meerdere vrouwen die niet zwanger konden worden werden binnen korte tijd alsnog zwanger via **Gabriels** icoon of gebed tot hem om zijn voorspreek bij de Heer. Een moniale genaamd Spyridona vertelt hoe een vrouw met haar dochter bad om de dochter aan een baan te helpen, wat inderdaad gebeurde op zijn voorspraak.

Tot slot zijn er enkele profetische uitspraken van **Gabriël** over de eindtijd opgetekend. Hij sprak over het teken van het beest zoals in Openbaringen, en zei dat als je met geweld wordt gemerkt, het in Gods ogen wordt beschouwd als een onteerde [verkrachte] maagd. Hij zegt dat het merkteken eerst aan vrijwilligers worden aangeboden. Na de troonsbestijging van de antichrist zal iedereen gedwongen worden het teken te aanvaarden. Ongehoorzaamheid zal als verraad worden beschouwd. Mensen zullen de bossen in vluchten. Gelovigen zullen worden beschermd door de Heilige Geest. Hij zegt: "wat er ook gebeurt, verlies nooit de hoop. Help elkaar. God zal je geest zuiveren en je zult weten hoe te reageren. Wie volhardt, zal gered worden. Geen enkele ware gelovige zal honger of dorst lijden. De gelovigen zullen niet verwelken in tijden van rampen. De Heer zal wonderen voor hen verrichten. Eén blad van een plant zal voldoende voedsel zijn voor een maand. Zelfs de klomp aarde zal in brood veranderd worden door er een kruisteken over te maken."

Hij sloot af met: "In de eindtijd zal een mens gered worden door liefde, nederigheid en vriendelijkheid. Vriendelijkheid zal de poorten van de hemel openen. Nederigheid zal naar de hemel leiden. Een mens wiens hart gevuld is met liefde, zal gezien worden door God".

Een andere uitspraak over de eindtijd gaat in het bijzonder over buitenaardse wezens: "In de jaren van de Antichrist zullen mensen redding uit de ruimte verwachten. Dit zal de grootste truc van de duivel zijn! De mensheid zal hulp zoeken bij de buitenaardse wezens, niet wetende dat het eigenlijk demonen zijn. Kijk in de eindtijd niet naar de hemel.* Je zou misleid kunnen worden door de valse tekenen die daar zullen verschijnen. Je zult bedrogen worden en verloren gaan! Elke gedachte aan buitenaardse wezens door orthodoxe christenen is onaanvaardbaar. Buitenaardse wezens zijn demonen."

*   Deze waarschuwing van vader Gabriël doet denken aan Project Blue Beam, hoewel gelabeld als 'complottheorie'. Hierdoor zouden we de Tweede Komst van Christus met projecties in de lucht kunnen zien.

Wat betreft zijn opmerkingen over 'aliens': sinds decennia wordt er veelvuldig gesproken over buitenaards leven. Oud-president Ronald Reagan bijvoorbeeld fantaseerde tijdens een VN-top hoe harmonieus de wereld zou worden tijdens een aanval vanuit de ruimte. Ook in popcultuur (films vooral) wordt dit voorgeschoteld als onmiskenbare waarheid. Meerdere moderne vaders spreken echter over demonen. Net als Gabriël spreekt Païsios (29 juni) van de Athos over demonen die verschillende vormen kunnen aannamen.

Simon van Yuryevets

4 november

Blijkbaar vormde deze Simon het heilige voorbeeld voor Alexis Voroshin, de dwaas om Christus die we op 12 september vieren. Helaas weten we alleen niet veel over deze **Simon**.

De heilige **Simon** kwam uit het dorp Bratsk, in de streek Kostrama in Rusland. Omdat zijn ouders hem verlaten hadden, leefde hij vanaf zijn jeugd alleen en bewandelde stapje voor stapje het moeizame pad van heilige dwaasheid. Hij dwaalde door de bossen in de omgeving van het dorp Elnat, op voeten zonder schoeisel, alleen gekleed in een oud, voddig hemd. Zijn huid verdorde en werd donker—zoals we ook lezen bij Maria van Egypte (1 april). Slapen deed hij op de kale vloer. Zo trotseerde hij zowel warme zomers als barre winters, eigenlijk bijna traditie voor de heilige dwazen.

Een dorpspriester met de naam Jozef nam **Simon** in bescherming. De heilige sprokkelde daarna hout voor de inwoners en deed ander zwaar lichamelijk werk, zonder ooit enige beloning te vragen. **Simon** werd vaak op allerlei manieren geplaagd en zelfs mishandeld. Klagen deed de heilige dwaas echter nooit, nee hij bad juist elke dag voor degenen die hem slecht behandelden. Ondanks zijn zware arbeid bad hij gedurende de nachten. **Simon** hield er vooral van om te bidden in de portieken van verschillende kerken.

Vijftien jaar woonde **Simon** in het dorp Elnat, waarna hij verder trok naar Yuryevets. Hoewel de plaats veranderde, bleef zijn leven vol ascetische inspanningen hetzelfde, inclusief zijn dwaze gedragingen. De heilige **Simon** kwam daar vooral vaak naar het Driekoningen-klooster, waar hij vurig bad voor de icoon van de alheilige Theotokos.

Deze ascetische uitbuiting van zelfverloochening zuiverde zijn ziel en hij ontving van God de gave van helderziendheid. **Simon** voorzag veel dingen en voorspelde de toekomst. Tijdgenoten die zijn naam noemden, zagen verschillende wonderbaarlijke tekenen. Verder had men **Simon** op het water van de Volga rivier zien lopen.

Zijn helderziendheid maakte dat **Simon** voorspelde hoe een brand het dorp zou gaan verwoesten. In enkele bronnen staat hoe de heilige enkel door zijn gebed de brand bedwong die tot een ramp zou uitmonden. Een Russische bron noemt een sensationelere—of dwazere—toevoeging, namelijk dat **Simon** de gouverneur in het gezicht sloeg toen de bezorgde en bange bevolking hem om hulp riep toen de brand uitbrak. Weliswaar een gewaagde actie, werd hierover geschreven, maar het had het gewenste effect.

Op een dag kwam het dorp onder een nieuwe leider te staan, ene Theodoros Petelin. Een gouverneur die **Simon** allesbehalve een warm hart toedroeg vanwege de spirituele lessen die de heilige aan de mensen preekte. Deze onbarmhartige overste uit het leger liet de heilige dwaas ongenadig slaan, omdat zijn dwaze gedrag hem danig irriteerde. Dit resulteerde in een hevige verzwakking van **Simons** gezondheid. Na een ziekbed, waarvandaan hij bij een priester biechtte, is **Simon** ontslapen rond 1584. Hij is begraven in het Driekoningenklooster, waarvoor veel stedelingen zich verzamelden. De legeroverste legde later boete af voor zijn zonde.

In 1635 werd de hegoumen Dionysios gevraagd om het leven op te schrijven en gaf de Patriarch toestemming om een icoon te schilderen. Vanaf dat jaar begon de Russische verering, en in 1666 werd een speciale dienst samengesteld voor de heilige **Simon**. Zijn relieken bevinden zich in het Ipatiev-klooster in Kostroma.

Maar het dwaze der wereld heeft God uitverkoren, opdat Hij de wijzen beschamen zoude.

1 Korintiërs 1:27

Uitgeverij Orthodox Logos

- *De Orthodoxe Kerk: Verleden en heden* – Jean Meyendorff
- *Biecht en communie* – Alexander Schmemann
- *Verliefd Zijn op het Leven* – Samensteller: Maxim Hodak
- *De Orthodoxe Kerk* – Aartspriester Sergei Hackel
- *De mensenrechten in het licht van het Evangelie* – Nicolas Lossky
- *Geboren in Haat Herboren in Liefde* – Klaus Kenneth
- *Hegoumena Thaissia van Leouchino: brieven aan een novice*
- *Het Jezusgebed* – Een monnik van de oosterse kerk
- *Gebedenboek Voor Kinderen: Volgens De Orthodox Christelijke Traditie*
- *Dagboek Van Keizerin Alexandra* – Keizerin Alexandra
- *Mijn ontmoeting met Archimandriet Sophrony* – Aartspriester Silouan Osseel
- *Stap voor stap veranderen* – Vader Meletios Webber
- *De Weg Naar Binnen* – Metropoliet Anthony (Bloom) Van Sourozh
- *Geraakt door God's liefde* – Klooster van de Levenschenkende Bron Chania
- *De Heilige Silouan de Athoniet* – Archimandrite Sophrony
- *The Beatitudes: A Pathway to Theosis* – Christopher J. Mertens
- *De Kracht van de Naam* – Metropoliet Kallistos van Diokleia
- *De Orthodoxe Weg* – Metropoliet Kallistos van Diokleia
- *Serafim van Sarov* – Irina Goraïnoff
- *Feesten van de Orthodoxe Kerk – een Leerzaam Kleurboek*
- *Catechetisch Woord over het Gebed van het Hart* – Aartspreiester Silouan Osseel
- *Naar de Eenheid?* – Leonide Ouspensky
- *Bidden Met Ikonen* – Jim Forest
- *Onze Gedachten Bepalen Ons Leven* – Vader Thaddeus Van Vitovnica
- *Alledaagse Heiligen En Andere Verhalen* – Archimandriet Tichon (Sjevkoenov)

- *Geestelijke Brieven* – Vader Jozef De Hesychast
- *Nihilisme* – Vader Serafim Rose
- *Gods Openbaring Aan Het Menselijk Hart* – Vader Serafim Rose
- *In De Kaukazus* – Monnik Merkurius
- *Terugkeer* – Archimandriet Nektarios Antonopoulos
- *Weest ook gij uitgebreid* – Archimandriet Zacharias (Zacharou)
- *Orthodoxie en de religie van de toekomst* – Vader Serafim Rose
- *Grégoire Krug – Notities van een Ikonenschilder*
- *De Orthodoxe Verering van Maria 'De Theotokos'* – De heilige John Maximovitch
- *Drieëndertig Dwazen om Christus*
- *Our Orthodox Holy Family* – Deacon David Lochbihler, J.D.
- *Prayers to Our Lady East and West* – Deacon David Lochbihler, J.D.
- *The Joy of Orthodoxy* – Deacon David Lochbihler, J.D.
- *The Inner Cohesion between the Bible and the Fathers in Byzantine Tradition* – S.M. Roye
- *St. Germanus of Auxerre* – Howard Huws
- *Elder Anthimos Of Saint Anne's* – Dr. Charalambos M. Bousias
- *Orthodox Preaching as the Oral Icon of Christ* – James Kenneth Hamrick
- *The Final Kingdom* – Pyotr Volkov
- *From Manhattan to the Holy Mountain of Athos* by Thodoris Spiliotis

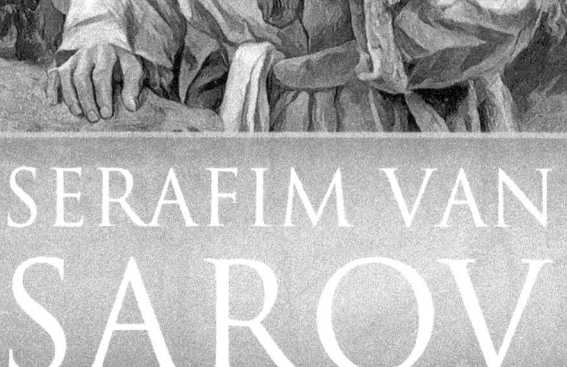

UITGEVERIJ ORTHODOX LOGOS

ONZE GEDACHTEN BEPALEN ONS LEVEN
LEVEN EN ONDERRICHT VAN
VADER THADDEÜS VAN VITOVNICA

VADER SERAPHIM ROSE

GODS OPENBARING AAN HET MENSELIJK HART

UITGEVERIJ ORTHODOX LOGOS

UITGEVERIJ ORTHODOX LOGOS

De Orthodoxe Verering van Maria *De Theotokos*

De heilige John Maximovitch
van Shanghai & San Francisco

Uitgeverij Orthodox Logos
www.orthodoxlogos.com

www.ingramcontent.com/pod-product-compliance
Lightning Source LLC
Chambersburg PA
CBHW061207070526
44583CB00025B/3150